睡前15分鐘 改變孩子的一生

父母都應該學的EQ故事

李驥・凌坤楨 著

EQ故事

第5章 用故事溝通，讓孩子知道大人的心事 191

第6章 說故事不難，啟承轉合是關鍵！ 209

【序】

愛的催眠——讓故事滑進孩子的睡夢裡

文／凌坤楨

本書的發想源於李驥的親身經歷——帶領兒童青少年的EQ夏令營及陪伴家中的兩個侄子，透過説故事和催眠引導，確實能帶給孩童青少年心靈轉化！李驥創作了一些特別的故事，並且分享出去，許多父母用了這些「睡前説給孩子聽的，帶著催眠性的故事」，得到了很好的回饋！這本書是在這個基礎上繼續修繕，結合催眠與故事，讓我們真的找到一把鑰匙，使父母親可以打開一道門戶，陪伴進入孩子的心靈世界裡！

説到「催眠性的故事」，就得提到催眠治療大師艾瑞克森，以及他的經典案例：番茄樹的故事。他用一種和緩的、催眠的語調，反覆說著類似下面片段。

我要跟你說說番茄樹的事情，我希望你舒適地聽著。這談起來很瑣碎，你也許好奇，為什麼要談論番茄樹呢？一個人把番茄的種籽埋進土裡，他會期待它能長出番茄樹，從結著果實的番茄樹帶來滿足。種籽吸收水分，這不是一件非常困難的事情，因為雨水的滋潤帶給它平靜、舒適，還有成長、開花、結果的喜悅……

也許你看不到它的成長，但它真的在長，以對它來說合適的方式，會有一片葉子出現在它小小的莖上，然後又是一片。可能這樣談話很孩子氣，而或許番茄樹在它成長時可以感覺到舒適和平靜。它每天長啊、長啊！看著一棵植物長大多麼舒適，你能知道一切都在好起來……

怎麼聽都像是一個無趣、甚至是無聊的「不算故事的故事」，卻產生了神奇的效果！這就是艾瑞克森獨到的催眠——在故事陳述中植入了暗示，一種稱之為「嵌入指令」（Embedded commands）的特別設計。

艾瑞克森面對的是一位抗拒催眠的病人，因為劇烈的病痛而經常要使用高劑量的止痛劑。艾瑞克森被找來幫忙時，謹慎地不做出任何「催眠標準動作」，只跟病人閒聊，並說了上面那個番茄樹的故事。在他反覆形容番茄樹時，以稍微不同的語調，重複地說著特定的詞句。之後病人的疼痛緩解許多，僅在偶爾才需要極輕量的止痛劑。他的主治醫師十分訝異這位病人在聽過艾瑞克森的「故事」後，竟能擁有使用高劑量止痛劑都無法獲得的身心舒適和平靜。艾瑞克森事後評論：「意識迷惑於瑣碎的故事細節，潛意識則收錄底層植入的有益資訊。」這一點，讀者看到了後面所附的故事，就能理解我們設計的含意。

如果你曾經跟孩子說過故事，你會發現聽得入神的孩子會對故事裡的情節、語彙，甚至音調起反應，像是你說：「冷風呼呼地吹，凍到那小樹苗也發抖……」有的孩子會跟著縮著身子打起哆嗦。「小兔子躲在樹洞裡，聽到大野狼跑遠的聲音，才放下心來，長長地吐了一口氣，呼～安……全……了……」孩子也會跟著放鬆身體、緩和呼吸。不是嗎？故事長久以來就是一個傳遞文化意涵與生活經驗的有效載體，每個孩童的成長都有故事陪伴，然後開啟知性、發展感性。

接下來，我們想做得更多！

本書設計的故事不是一般的繪本故事，我們注重的是，讓親子關係更融洽、孩子的情緒得以調和，並在他的心靈播下了美善的種籽——睡前15分鐘就是一個理想的時光。所以睡前為孩子說故事不需要讓孩子太興奮（有經驗的父母都知道，你被要求一遍又一遍地讀著讓孩子興味盎然的故事，在深夜裡），但是如果孩子聽到一半睡著了呢？

在孩子睡了繼續說的故事一樣有效！近年來我在催眠師訓練專業班裡教授「睡眠中的催眠」，許多學員回饋，他們在伴侶或孩子睡著後，為其所做的那些健康正面的催眠暗示，「都一一實現了！」我以為自己是第一個發現這個技術的人，但翻閱文獻，在大衛艾爾曼（Dave Elman）的催眠著作裡，也提到了「催眠睡眠」（Hypnosleep）。說來也巧，艾爾曼始創這技術的起因，是為了要治療孩子的過敏困擾。艾爾曼受到當時「睡眠學習」概念的啟發，他等孩子熟睡之後，到孩子身邊說幾句特定的語言，成功地展開催眠治療的程式。所以在孩子睡前為他說故事，甚至在他已經進入夢鄉時，繼續說。這些故事及故事中的良善意念，一樣會滑進他的心靈裡！

為了方便讀者有個開始，書裡附上許多故事，而我們期望的是，父母能自己為孩子編故事，就像本書中「媽媽日記」裡的諾諾媽媽，她經過幾天使用範例說故事之後，掌握了基本概念，就能依孩子情況量身打造出「討厭公主」的故事而讓孩子改變！

請開始在睡前為您心愛的孩子，說一個有催眠性的故事，讓您的期待滑進他的潛意識；說一個有愛滋養的故事，讓您給出一份可以陪伴成長的生命禮物。

而這是一份共同分享的生命禮物，滋養了彼此，對孩子，更是對父母……

【前言】

懂得說故事，就是好父母

文／李驥

身為兒童青少年EQ培訓講師，我以自己實踐的經驗告訴父母：懂得說故事，就能成為好父母！

這幾年，在上海與張怡筠博士的情商工作室合作，當了好幾屆青少年EQ夏令營的講師，面對七、八十位年紀從八歲到十五歲，在父母軟硬兼施的要求下，放棄假期的玩樂、參加EQ學習的小天使們，想要順利完成教學進度，讓所有的孩子都能高高興興的學習，除了要靠精采的課程設計外，講師的控場能力要求也特別高。雖然我認為自己很有孩子緣，總能在一群小鬼頭中擔任孩子王的角色，但是要讓這樣一大群需要EQ教育的小天使們專心聽課，可還真不是件簡單的事，嘗試過遊戲、運動，甚至唱歌、答數等各式各樣的活動，企圖抓住孩子的注意力，常常事倍功半，起不了多少效果，卻在相當偶然的機會下發現：只要講一個生動活潑的故事，滿教室的孩子都會安靜下來，張著大眼睛，跟著故事情節的發展，做出喜怒哀樂的表情。尤其是當我講述自己在他們這樣的年齡所發生的事情，這些小天使除了一樣專注的投入外，還很熱心的提供意見和想法，就像是那些事情也同時發生在他們身上。我想你會跟我一樣很難相信，這些聽了我的故事而發表意見的孩子，對於情緒判斷的精準程度，絕對不輸任何一位EQ講師！

兩年前，弟弟因為工作需要，外派大陸一段時間，我正好回台北工作，和弟弟一家住在媽媽家。弟媳向我抱怨，只要弟弟不在，兩個侄子就很晚才肯睡，然後早上總是爬不起來，上課經常遲到。那段時間我剛好可以配合，所以每晚準九點半就把兩個侄子找進房間，先請他們依照我安排的主題畫一幅畫，然後讓他們躺在床上聽我說故事。

故事的內容就是關於他們的畫，我請他們閉上眼睛，想像自己變成任何想變的東西，再跟著我的故事一起遊覽他們的畫，通常我只要說：「讓自己慢慢的變得更輕、變得更小，然後用自己喜歡的方法和速度走進這幅畫，這時候你看到什麼？這時候你有什麼感覺？」接著從左到右把自己的畫在心裡走一遍。

剛開始時，兩個侄子還會一邊回應我的故事、一邊相互打鬧，然而不出五分鐘的時間，他們就開始安靜，呼吸也變得深沈。陪伴兩個侄子睡覺，前後大概一個多月，這段時間只要我說故事，他們都會在

二十分鐘內開始打呼，從那之後，他們晚睡的毛病就大幅改善了！

不論是教育孩子的老師，還是陪伴孩子的父母，說故事都是讓孩子集中注意力的好方法。如果故事的內容適合，我們也能透過故事，引發孩子更多更好的思考，或是讓孩子進入甜蜜的夢鄉，甚至更好……我們可以一舉兩得，而且更具效率！

我們想用這本書告訴父母，**說故事真的是改變孩子最棒的方式，尤其是在孩子睡前15分鐘陪伴講述的EQ故事，讓忙碌的現代父母能更有效率的掌握孩子的成長關鍵時間。**為了讓父母能更容易閱讀，我們捨棄了深奧的學術理論探討，以較多的實例及經驗的總結，將情緒智商作深入淺出的說明，並且按部就班指導父母編寫包含積極情緒內容的EQ故事，讓忙碌的父母能把握孩子睡前的學習關鍵時刻，更有效率地培養孩子成為EQ高手。

因為EQ故事內容與情緒息息相關，所以父母需要先行通讀熟悉，並且了解故事中的情緒線索，融會貫通後用自己的情緒說故事，才能達到最佳效果。在孩子入睡前15分鐘講述EQ故事，能讓父母透過親密的互動增進親子關係、提高孩子的情緒認知，最重要的是父母無條件愛孩子的真心。所以在講故事之前，父母做好準備是十分重要的。

改變孩子，同時也改變自己，EQ故事中的主角永遠是親子，而內容永遠是完整的愛。在閱讀完本書之後，希望所有父母都能為孩子編寫屬於你們充滿愛的EQ故事。

第1章

孩子睡前的15分鐘，你能做什麼？

其實，我們可以把親子關係看成一個類似在銀行存款的情感帳戶，隨時可以往這個帳戶裡存款，當然也可以從這個帳戶裡提款，只是我們從這個帳戶裡提出來的「款」，必須是以前存進去的「關係」，如果這個帳戶從來沒有存入我們想要的任何「關係」，自然就無法提出來。

為人父母，都希望自己的孩子能健康快樂的成長吧？那麼我們每天用什麼方式、花多少時間跟孩子進行「健康快樂成長」相關的活動呢？

或許真的有很多事情讓我們不能全身心的教養孩子，甚至每天陪伴孩子的時間都少得可憐！沒關係，我們要告訴父母，只要每天在睡前利用15分鐘的時間，說一個EQ故事給孩子聽，就能讓孩子的人格成長更完善。這樣值得投資的15分鐘，當然不能錯過囉！

最值得投資的15分鐘

睡眠是身體機能修補的階段，同時也是大腦學習強化的階段，不僅是技能知識的學習，也包括情緒信念的學習。一旦生活中的情緒線索透過睡眠夢境的整理強化之後，便會成為信念，而以行為模式出現在往後的生活中，所以父母在孩子入睡前的陪伴溝通，對孩子是十分重要的。然而我們究竟需要做什麼、用多少時間才能更好地陪伴孩子成長，其實很簡單，只要每天抽出15分鐘，在睡前對孩子說一個EQ故事就行！

孩子臨睡前說故事所需的時間並不長，雖然白天活動的時間可能超過十幾個小時，但在孩子臨睡前的意識變動狀態下，時間的長短並沒有絕對意義。然而什麼是「意識變動狀態」呢？

相信許多人都有類似的經驗，在鬧鐘響起後，伸手關掉響鈴，翻過身對自己說：「再睡一會兒吧！」這段時間我們覺得自己沒有睡著，依然能清楚聽見屋裡的各種聲音，甚至覺得自己能看見其他人在屋裡走動的樣子，但是突然驚醒，拿起鬧鐘一看，竟已過了半個鐘頭。大多數人在熟睡的狀況下，不會對屋裡的聲音如此敏感，否則小偷就不可能有機會在深夜入室行竊了。賴床時，我們看起來似乎也在睡覺，卻能清楚地聽見各種聲音，同時還感覺自己能看見屋裡的影像；而我們覺得只是睡了一會兒，大概是幾分鐘的時間，實際上經過的時間卻遠高於此，跟我們的認知有著明顯出入，這就是一種意識變動狀態的體驗。

意識變動的狀態最主要就是大腦暫停了「判斷和抑制」，例如專注於某些事物在作白日夢的時候，及剛入睡或剛起床的時候，我們都是處在意識變動的狀態，這是因為大腦負責判斷和抑制的前腦區域，在我們睡覺時總是第一個睡著，然後最後一個醒來。當大腦暫時停止判斷和抑制的時候，我們對周遭的訊息反應會更直接、更情緒化，這也就是為什麼很多人在起床之後，會用「迷迷糊糊」來形容自己的狀態，以及特別容易在孩子身上看見的「起床氣」了。在這種狀態下，時間長短沒有絕對的意義，說明為什麼只需要15分鐘的時間，就能透過EQ故事改變孩子的行為。

在日常生活中我們經常體驗到意識變動的狀態，包括準備考試時同時聽音樂、專心開車時同時聽廣播，甚至吵架時火冒三丈的過程；當我們處於情緒強烈起伏的狀態，例如狂喜或暴怒時，我們大腦判斷和抑制的功能會暫時停止，這也是一種意識變動的狀態，我們常常聽身邊朋友說自己發火的經驗，在那種狀態下什麼都不管，無論多難聽的話、多誇張的行為都做得出來。而且，大部分的人在暴怒之後都會超級後悔的說：「我真的不知道那個時候怎麼了，完全失去控制，好像變成另一個人了！」強烈情緒也是一種意識變動狀態，那一刻所發生的事情雖然超級不理性，甚至讓人覺得後悔，但是情緒的過程卻像畫面一樣，清晰地在腦海中重播，因為情緒記憶是如此的深刻，在這樣意識變動狀態下所經歷的一切，都十分可能成為我們一輩子的回憶。

由於孩子大腦皮層所代表的批判機制還在發展階段，所以孩子比成人更容易進入意識變動狀態，時間的扭曲感及暗示的易受性比成人更強，所以我們不需要十幾個鐘頭的時間來複習孩子白天所經歷的成長過程，只要掌握睡前的意識變動狀態，15分鐘的時間能為孩子成長所做的功課，絕不亞於白天的一切的喜怒哀樂；同時因為孩子處於意識變動狀態，大腦的批判抑制功能降低，反而擁有更高的暗示易受性及更強的學習能力，只要父母能掌握EQ故事的幾個簡單的原則，就能在15分鐘之內改變孩子！

開始投資情感帳戶

一些剛進入空巢期的父母，總會抱怨自己的孩子一點都孝順，把老人家孤單的放在豪宅裡，雖然司機、傭人一應俱全，卻不抽出時間回家吃頓晚飯，這些父母會說：「車子房子有什麼用呢？我就希望孩子能陪陪我呀！」當然孩子也有委屈，「我哪有時間啊！我得忙著賺錢，才能買房子、買車子，你們想要的我都買，這還不算孝順嗎？」聽起來父母和孩子各有各的道理，就讓我們將時光倒轉，回到孩子還小的時候。原來父母為了孩子進入社會後能有更好的競爭力，每天除了學校的課程外，還馬不停蹄地送孩子參加各種的才藝班，親子溝通

的時間付之闕如。當然父母會在物質生活上做出彌補，不管孩子想要什麼，父母絕對是有求必應，若孩子對這樣的安排有怨言，父母就會這樣告訴孩子：「你還抱怨什麼，讓你吃好穿好的，送你學這學那，爸媽得多努力工作才行啊？你還不明白，這些全是為了你好。」

其實，我們可以把親子關係看成一個類似在銀行存款的情感帳戶，隨時可以往這個帳戶裡存款，當然也可以從這個帳戶裡提款，**只是我們從這個帳戶裡提出來的「款」，必須是以前存進去的「關係」，如果這個帳戶從來沒有存入我們想要的任何「關係」，自然就無法提出來。**所以，那些獨生子女的父母想要在年老時從孩子身上得到「關懷」，幾乎是不可能的，因為在孩子成長的階段，父母不停地把「物質」存入這個戶頭，卻沒來得及存入體貼關懷，當然不可能要求孩子在成年之後，懂得用體貼關懷來表達愛。

透過對腦神經科學及發展心理學的分析，我們已經知道父母的教養對孩子的成長，起著至關重要的影響，**而所謂的教養，除了包括我**

們意識到的學習過程，還包括父母的教養風格。為了避免父母望子成龍的不當情緒，對孩子的人格成長形成過大的壓力，每一位父母都應該學會用愛和包容來理解孩子情緒上的需求，用積極暗示來轉化孩子成長的情緒阻礙。就拿那些獨生子女的父母來說，或許培養孩子的社會競爭力是一種愛的表現，但是凡事都用物質條件來相互比較，只是一再的暗示孩子「有錢就能買來愛」。

一旦這樣的教養風格開始對孩子的人格發展造成影響，父母能做的除了改變自己的態度和觀念外，最關鍵的就是孩子臨睡前的15分鐘，一方面臨睡前孩子處於意識變動狀態，暗示易受性及記憶力更強；另一方面睡眠時大腦依然保持活躍，能夠重溫一天的各項學習，並將重要的記憶轉化成腦神經聯結，形成身體記憶。睡前關鍵的15分鐘，不但能強化孩子學習內容、正確認識情緒，並轉化成積極的成長助力，同時EQ故事能讓父母透過身體及語言的互動，增進親子關係。所以，就算對EQ故事的心理學理論再不感興趣，也不要錯過每天陪伴孩子的時間；就算父母或孩子為了更好的生活而忙碌，也要把睡前的15分鐘留給孩子。

故事重要、陪伴更重要

「我就是不會說故事，該怎麼辦呢？」

或許小的時候父母真的沒講過幾個故事給我們聽，長大後也沒機會練習說故事給別人聽，所以一想到說故事就舌頭打結，不知該怎麼辦。父母會有這樣的擔心是很正常的，畢竟面對很少做的事，多數人都會緊張，但我們想讓這些緊張的父母了解的是：故事不一定需要用說的，孩子比想像中更懂得體察我們的情緒。

一位女性朋友談起家庭的狀況，她的收入是先生的兩倍，先生和娘家人一起住在她出錢買的房子裡，因此這讓夫妻間的關係有些緊張。這對夫妻有個三歲的女兒，有時女兒會做出些讓她意想不到的行為。一次女兒在家玩扮家家酒，媽媽問女兒在做什麼，女兒回答：「在做毒藥！」然後媽媽問女兒毒藥要給誰吃？女兒竟然回答：「給爸爸吃！」有一次，正當爸爸剛結束與女兒玩坐飛機的遊戲，被爸爸在空中甩來甩去十分興奮的女兒，剛在地上站穩腳步，就興高采烈地指著媽媽喊：「爸爸，現在換媽媽玩坐飛機！」

雖然，父母不會告訴孩子太多大人間的事，但是孩子總能體察父母的情緒，然後用自己的方式表現出來，再以自己的方式充當修補父母關係的溝通橋樑。當然扮家家酒的毒藥不可能害死任何人，媽媽的體重也無法讓爸爸抱起來甩向半空，孩子只是用自己的方式回應父母的想法，就算我們什麼都不說，孩子還是透過情緒看到了發生在我們心裡的故事。

所以，只要你願意安排15分鐘的時間，把你對孩子無條件的愛放在心裡，那麼就算你隨便說些什麼，甚至什麼都不必說，孩子還是能透過與你的親密接觸，讀懂你心裡愛的故事，在被愛包圍的感覺中舒服地入睡。只要父母用愛陪伴，對於孩子的成長都能起到積極的作用，也許什麼都不必說，一個關懷的眼神，一個溫暖的擁抱，我們就已經踏出改變孩子的第一步了。

引導孩子說出內在的想法——小樹與蝸牛的對話

有些時候父母因為對孩子的愛而指責孩子，雖然出於善意，偶爾卻會讓孩子覺得父母不欣賞自己，產生委屈的情緒。這裡介紹一篇用小樹成長過程中對於太陽和大地的疑問發展出來的EQ故事，透過小樹與蝸牛的問答，讓孩子了解愛的多面性、整體性，以及養成忍耐堅強的個性，使孩子知道委屈時候能把心裡的感覺說出來，讓親子間的互動更完美。

你知道嗎？不論多高多大的樹，都是從一顆小小的種籽長大的哦！小樹藏在圓圓的種籽裡，在溫暖肥沃的土地裡喝了一肚子水之後，就要破殼而出了。小樹先用腳一樣的樹根將種籽的外殼踹出一條裂縫，很努力地踏進溫暖肥沃的土裡，小心翼翼地站直了，再把葉子一片一片地向天空伸展，就好像伸懶腰一樣。所以，每天小樹伸一次懶腰，像腳一樣的樹根就往更深的土裡站，像手一樣的樹葉也像更高的天空長。就這樣一天天，小樹慢慢地長大了。

雖然小樹每天都有太陽溫暖的照顧，以及大地溫柔的保護，可是小樹還是覺得不滿意。小樹覺得陽光太熱了，曬得口好渴，每天都要從土裡找好多的水來喝，這樣好辛苦哦！而且土裡還有好多的石頭，讓小樹不能隨便伸腿，一不小心就會碰到堅硬的石頭，弄得腳好痛哦！小樹自言自語地說：「如果我能生長在一個沒有石頭、沒有太陽的地方，不會弄疼我的腳，也不會熱到口渴，那該有多好啊！」

這句話被小樹身上的小小蝸牛聽到了，小小蝸牛去過很多地方，所以說了一個故事給小樹聽。「我剛從一個沒有陽光、黑漆漆的樹林爬過來，那些沒有太陽照顧的小樹每一棵都好瘦弱，面黃肌瘦的好像生病一樣。那些小樹告訴我，也許在太陽底下偶爾會覺得熱，但是離開了太陽，小樹就失去溫暖，再也長不高、長不壯；那些沒有陽光的小樹告訴我，要是有陽光照耀，就能長得更高更壯了。然後我爬過一片沒有石頭的土地，那裡每一棵小樹都長得東倒西歪，那些小樹說土地裡沒有石頭雖然可以自由地伸展樹根，鬆軟的土地卻站不住，很容易跌倒，一陣強風吹來，小樹的腰都站不直，只能東倒西歪地躺在地上。那片沒有石頭土地裡的小樹告訴我，要是地裡有些石頭，就能長得更直更挺了！」

聽完小小蝸牛的故事之後，小樹總算明白了，「原來太陽和大地對我有這麼重要哦！太陽和大地每天陪伴著我，我都沒有發現他們用自己的方式愛我！」小樹下定決心，要繼續在太陽和大地的陪伴下健康快樂的成長，同時，小樹對太陽和大地大聲地說：「謝謝你們對我的愛！」

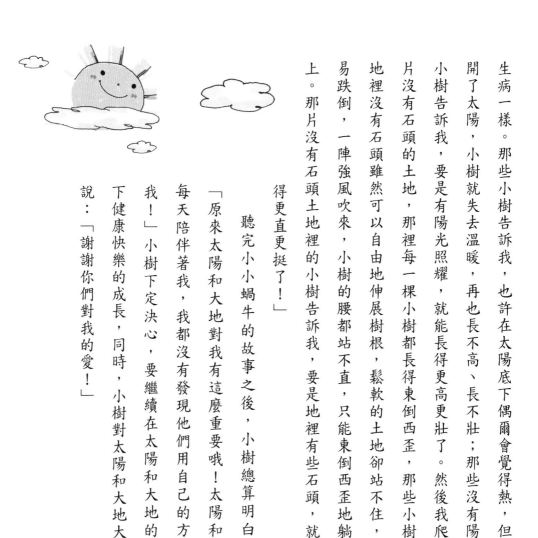

聽完故事，孩子轉身進入甜美夢境

當然，如果父母能掌握說故事的技巧，就能對孩子的成長有更多的幫助，而EQ故事要做的，就是讓父母在孩子的心靈最開放、最能吸收、並且整合的意識變動狀態，透過述說故事來增進他的心靈厚度，陪伴他的心靈成長。

提到潛意識的影響，不能不提到催眠大師艾瑞克森醫師（Dr. Milton Erickson）。

與其他心理治療學派不同的是，艾瑞克森不直接處理個案所提的問題，而是尋找具有治療效果的隱喻來設計治療策略，讓案主的內在資源整合，而使問題轉化消失。艾瑞克森堅信，每個人的潛意識會以它自己獨特而優美的方式，走上一條生命整合的道路。他認為催眠是「喚醒與運作潛意識訊息的過程」，而他喜歡用催眠的語調說著一個個的故事，一邊把人帶入似睡的催眠，一邊呼喚個案內在的潛意識。

當學生問他為何能如此優雅有效率地做好催眠治療，他只回答：「他們來此聆聽故事，然後回家改變作為，如此而已。」

他說故事的時候，帶著催眠的語調，讓聽故事的人進入輕度或深度的催眠狀態裡。使人在潛意識開放的狀態聽著故事時，他也一邊把個案改變的策略與要素放進故事裡。艾瑞克森喜歡使用這些他所謂的「教育故事」來幫助個案，個案的意識聽著故事的表面內容，潛意識則收入了故事底層蘊含的訊息。

對於沒有學習過催眠的父母來說，跟潛意識溝通的最佳時機當然是在孩子每天上床之前，為他們說故事。這時，不管白天發生了怎樣讓人情緒起伏的事情，都放在一邊。燈光昏暗的房間，柔軟低沈的聲音，培養安詳溫暖舒適的睡眠氣氛，父母特地騰出的時間，對孩子的關切和注意力，為孩子說故事的那份親密感，這一切完整地搭建了座心靈舞台。於是故事裡的人物和情境，便在不知不覺中融進孩子的世界裡，成為他們價值觀的一部分。

有什麼比故事更能引發所謂的催眠狀態呢？一種定義為知覺轉換、意識變動的身心狀態？故事把人帶離開此時此刻這個現實知覺的所在，而進入另一個時空，在那裡展開影像、聲音、各種感官之旅，構築另一個世界。

故事會吸引孩子的注意力、開啟孩子的想像與關切。**故事的情節會讓右腦的想像開展，而讓邏輯分析批判機制暫時休息**，就像上面提到的，孩子的意識聽著故事表面內容，潛意識則開放出一個更放鬆且更容易接受暗示的狀態，然後隨著故事情節的演進，以及父母溫柔的陪伴，孩子會越來越放鬆、越來越舒服，帶著EQ故事的積極暗示，慢慢地進入安穩的睡眠。這個夜晚，孩子會在夢中扮演這位小王子，並且會用自己的方式找到解決煩惱的方法。

媽媽日記——從15分鐘開始

諾諾媽媽在講了幾天書中的EQ故事之後，就能夠依據孩子的情緒、情況（比如孩子愛說「討厭」），改編故事給孩子聽，也起到了很好的作用，這正是我們想把EQ故事寫給父母看的初衷——改變父母成為孩子的助力，並且懂得使用正向暗示來調節情緒。我們編寫的EQ故事只是提供一個方向，期待每一位父母們都能夠自己編故事，一起編織跟孩子共同成長的生命故事。

諾諾快五歲了，做為母親的我一直心存愧疚。小時候保母帶，後來由外婆帶，我這個做媽媽的連陪她一起睡覺的晚上都屈指可數。工作成為我和先生的藉口。諾諾每天的作息就在幼稚園和迪士尼卡通片中度過，我們能夠陪伴她的時間無非就是偶爾的週末郊遊，或是一年一次的長假。去年諾諾升幼稚園中班，我才第一次有空去參加開學的家長會。看到教室裡貼滿小朋友們上一年度的作品，諾諾的畫很漂亮，有一幅是畫她在媽媽肚子裡的樣子。突然，意識到自己錯過很多東西，很多應該在成長過程中一起分享的，我要趕緊填補這塊空白。

其實，很早以前就和先生討論過要如何多關心孩子，但每次只有三分鐘熱度，最終都以忙當藉口，來掩飾自己的懶惰，於是孩子的成長就在我們的懶散中溜走了。怎樣才能尋找到讓我們恆久堅持的方式？這時候，有人給了我一篇EQ故事。看完這篇文章後，第一時間我給諾諾購置了一張放在我們臥室的床，我要從陪她睡覺開始，分享她的成長。

第一晚，橫說豎勸，最終躺在我們臥室裡還是免不了哭得驚天動地，「媽媽給妳講故事……」她放低了抽泣的聲音。這一晚我選擇了「小樹成長」。故事講得深長而緩慢，隨著「小種籽」跟著風兒越飄越遠，諾諾的哭泣也停了下來。故事講完了，她還是沒有睡意，但情緒已經完全平復，安安靜靜地躺在新床上說：「媽媽，我還要聽一遍。」第二遍，我的聲音放得更輕、更緩慢，沒多久她就睡著了。我鬆了口氣，第一晚，還不錯。第二天一早，我還在睡夢中，諾諾就在喊我了，我迷迷糊糊應了聲「諾諾早！」接著聽見她說：「叫我草莓樹！」（她超級喜歡吃草莓）。嘿，我馬上就清醒了，問她：「為什麼呀？」她說：「因為我就是草莓樹、妳是太陽、爸爸是大地呀！」看來EQ故事有點兒意思了。

第二晚、第三晚，起初說到睡覺，她總要鬧點情緒，想和外婆睡。最後都是用講故事把她吸引到新床上。我用了老師給的生命故事，有一晚還是先生講的。一開始以為他搞不定，結果等我進到臥室，寶貝竟然已經甜甜地睡著了，當然講故事的大人也已經睡著了。

第四晚，有故事發生了。我把寶貝安頓上床，準備講「牽牛花和向日葵」，她開始提要求了。

「媽媽，今天的故事裡面有公主王子嗎？」

「沒有。」

「那麼，有壞人嗎？」

「也沒有呀！今天講牽牛花和向日葵的故事給諾諾聽。」

「我不要聽，我要有公主和巫婆的。」暈啊！

「牽牛花和向日葵也很好聽呀！諾諾吃得葵花子就是向日葵的種籽，妳要聽聽看嗎？」

「我不要，我就是要聽有公主和巫婆的！」

結果，這一晚我把《一千零一夜》重新拿了出來。

後面幾晚連續發生了這樣的情況，《伊索寓言》《格林童話》都成為了睡前故事。諾諾對小白兔和大灰狼已經沒有興趣，她喜歡公主王子的美麗童話，在她的故事裡，她最投射的就是美麗的公主。因此，我要開始學著說她自己的成長故事。

公主王子的童話並不難說，但是如何把握合適的成長暗示和情緒扮演卻不簡單。**要更多站在孩子的角度去理解童話，才能學著把故事中積極的成長暗示傳達給孩子，讓這15分鐘有潛移默化的效果。**

前段時間，諾諾經常把「討厭」掛在嘴上，稍不順心就「討厭」這「討厭」那，不知是不是到了幼兒逆反期。我就想如何通過睡前15分鐘的故事，來改變這個狀態。那晚睡前，「諾諾，媽媽今天要給妳講一個新的故事，是關於一個小公主的……」就這樣，有了「討厭公主」的連載故事。

「討厭公主」是個經常把「討厭」掛在嘴上的公主，雖然長得美麗又聰明能幹，卻得不到周圍人的喜愛，甚至最後大家還叫她「討厭公主」……故事就圍繞在白天家裡發生的小事情，然後把我的暗示隱含其中。這樣一來，平時很少聽到我們訓斥和批評，卻在晚上的故事裡作引導，漸漸地起了效果。「討厭」少了，有時不小心說出口，也會跟上「對不起」。15分鐘的改變，真的看得見！

老師的文章給我印象最深刻的部分，除了EQ故事和溝通技巧外，還有最後那篇〈15分鐘改變了誰？〉，在和孩子一起成長的過程中，僅僅是15分鐘嗎？我們長長的生命軌跡要和孩子一起度過的時間有多少呢？父母和孩子一起成長、一起學習。

我不強加給寶貝她不喜歡的任務。學校有許多孩子都參加課外學習，像是能講多少英語啦！能背幾首唐詩啦！如果孩子沒有興趣，就做個聾子，當作沒聽見囉！不要因為父母的好勝心，難為孩子，浪費他的大好時光。

如果晚上沒有應酬，晚飯後我們會帶著寶貝去花園散步，有時她是小老師，有時她當小媽媽；有時她拍皮球，有時她溜滑輪。因為有了這半小時，先生也養成了晚上跑步的習慣。我帶著諾諾散步，先生跑步，這樣的生活遠比要孩子多背幾首詩來得健康。

EQ故事，是父母和孩子共同學習的過程。孩子得到積極的成長暗示，父母學習情緒調整。我和先生學到了更多的平等、包容和愛。15分鐘是個開始，只要你認真投入，一定會看到生命中更完整的涵義。

我們已經開始，且不斷學習……

第2章

開始對孩子說第一個EQ故事吧！

由於EQ故事是
設計給父母在孩子臨睡前
15分鐘講述，最後的目的是讓
孩子安穩入睡，將積極暗示轉化成
記憶，最終形成人格特徵，所以情緒
的扮演也需要適度，在整個說故事
的過程中讓情緒起伏逐漸趨於平
緩，慢慢地引導孩子進入一
個放鬆的睡眠狀態。

也許我們跟孩子說過床邊故事，但未必清楚怎樣說故事才算好，尤其是這些故事蘊含了學習的內容及成長的暗示，如果沒有掌握關鍵的技術，可能就會事倍功半。所以在這裡，我們要請**所有父母在說故事的時候，特別注意這三個方面：情緒、語調及互動。**

掌握故事人物情緒，讓故事更有意思

孩子具有豐富的想像力，卻不夠專心，所以父母需要透過情緒的起伏來持續吸引孩子的注意，讓孩子進入故事設計的狀態，扮演父母希望孩子扮演的角色，並且將積極暗示轉化成記憶，形成良好的人格特質。不論EQ故事設計的多精巧，如果講故事的人情緒表情過於平淡，那些有意義的內容及暗示，都可能因為孩子沒法將自己投射在故事的情節中而起不了作用。既然父母已經決定要把握睡前關鍵的15分鐘，讓孩子有機會更健康快樂的成長，那就千萬不要忽略了給孩子說故事時的情緒扮演。

比較簡單的方式就是強調情緒形容詞，例如幸福快樂、傷心難過、生氣憤怒等，**父母可以用語氣上的變化、語速上的調整或語句的重複來做到情緒的扮演**，由於這些內容透過文字表現，比那些情緒內化的內容更容易理解。而情緒內化的部分，一般是透過對於場景氛圍的描寫來傳達，雖然從字面上看不到情緒形容詞，卻對孩子進入故事起到重要的催化作用，父母親更應該把握這些內容的情緒扮演。

另一些時候，父母親需要設身處地來完成情緒的扮演，比如：「那些小樹說土地裡沒有一顆石頭，雖然可以自由地伸展樹根，鬆軟的土地卻不能支持小樹成長，一陣強風吹來，小樹的腰都站不直，只能東倒西歪地躺在地上。」這段故事的設計，是讓孩子設身處地的為生長在鬆軟土地中的小樹著想，父母就需要找出哪些內容是那棵小樹特別在意的。這段故事的重點在於沒有石頭雖然看起來不錯，但是遇到強風就會站不直了，其實是很可憐的，所以強調的是沒有一顆石頭、強風及腰都站不直，尤其說到腰都站不直的時候，需要把那種可憐無奈的感覺帶進語氣中，讓孩子明白小樹的真實想法。

由於EQ故事是設計給父母在孩子臨睡前15分鐘講述，最後的目的是讓孩子安穩入睡，將積極暗示轉化成記憶，最終形成人格特徵，所以情緒的扮演也需要適度，在整個說故事的過程中讓情緒起伏逐漸趨於平緩，慢慢地引導孩子進入一個放鬆的睡眠狀態。至於該如何把握呢？父母可以採用三分法：第一個五分鐘採取較為誇張的情緒表情，吸引孩子的注意力；第二個五分鐘逐漸轉化成一般說話時的情緒表情；到了最後五分鐘，需要用平緩的情緒配合較為低沈的語氣，讓孩子逐漸進入睡眠狀態。當然情緒高中低的三分法僅僅是一個原則，父母在操作的過程中需要觀察孩子的狀態作適當的調整。這裡給父母一個建議，如果無法確定該用什麼情緒繼續EQ故事的時候，不妨停

下來，做個深呼吸，讓直覺告訴我們該怎麼做。通常，在放鬆的狀態下，父母都能感受到孩子的狀態，就像孩子能知道父母的情緒一樣，所以，用深呼吸讓自己放鬆，直覺自然會告訴我們該怎麼做。

多用信任、溫暖的語調讓孩子安心

讓我們回想一起：在過去的經驗中，我們是用什麼樣的語調在睡前對孩子說床邊故事呢？

輕聲細語？很好！只要你把握住這個原則，語調調整的工夫就算完成了一大半。實際上，孩子在我們的身旁安然入睡，首要條件並不是故事的內容，而是我們給孩子值得信賴的感覺。但值得信任及充滿安全感的語調應該是什麼感覺？除了輕聲細語之外，語調還需要比平時低沈些，能襯托出值

得信任的安全感。

一旦掌握了放鬆引導的語調，或許經過幾次操作之後，我們會很意外地發現：嘿，不論說什麼，孩子都會睡著，一個故事、一段文章，甚至報紙上的一篇新聞，孩子都能安穩入睡。到達了這個境界，我們就已經掌握了說EQ故事的要領，所以，適宜的語調營造信任安全的氛圍，很容易讓孩子進入睡眠的狀態。如果故事的內容是孩子感興趣的，孩子自然會隨著情節的發展逐步進入深沈的睡眠狀態，如果孩子覺得內容不夠有趣，引不起興趣，孩子會把聽覺收回，開始想自己的事情，用自己的速度睡著。就算出現這樣的狀況，做父母的也不用覺得沮喪，孩子能這麼快進入安穩睡眠的原因，是父母陪伴給予的安全感，這種陪伴對於親子關係的強化起到很積極的作用。所以，暫時把EQ故事的內容放在一邊，專心在語調的調整上，放低我們的聲調，做一個值得信任、充滿安全感的溫柔父母吧！

親子一起互動，讓故事更精采

第一次想要給孩子說故事的時候，很多人都會腦袋一片空白，然而，要聽故事的並不是我們，是孩子，不是嗎？所以，如果實在想不起要說什麼，何妨問問孩子想聽什麼故事。

一旦孩子進入意識變動狀態，任何事情都可以成為故事，在這個階段，孩子有很強的暗示易受性，也能將暗示轉化成記憶，在大腦中長期保存，因為孩子在睡著前會經過意識變動狀態，所以我們將積極暗示編寫成EQ故事，讓孩子輕鬆學習這些人格特質。如果將EQ故事能對孩子人格發展起到積極作用的關鍵因素做個排序，那麼暗示和意識變動狀態可說是不分軒輕，都十分重要。至於故事內容，就僅僅作為一個催眠引導的台詞，以及暗示內容的承載，只要達到這些目的就行。因此，只要父母親掌握了睡前的關鍵時刻，就未必要準備多充分的EQ故事，甚至，讓孩子說故事，父母將暗示放在回應裡，也能達到相同的效果。

當然，對於大部分初學EQ故事的父母來說，這種無招勝有招的方式比較難掌握，所以多準備一些EQ故事以備不時之需是比較保險的，只有在父母自己也不夠熟悉EQ故事的時候，雖然故事設計的內容包含了某些積極的暗示，卻可能因父母情緒語氣的不到位而不能產生效果，或者孩子根本沒有聽懂，所以這裡建議父母，在說完關鍵內容的時候，可以停下來問問孩子，確定孩子心裡的想法，然後再繼續說EQ故事。比如說：

眼看著一顆一顆果實在農夫一次一次的修剪下落到地上，蘋果樹覺得好難過、好傷心，蘋果樹心裡一邊哭、一邊問：「為什麼要剪掉我辛辛苦苦結出的果實，為什麼？」可是農夫依然沒有停下來……

（註：引自本書「蘋果樹與農夫」）

說完這一段故事，父母可以問孩子：「這時候蘋果樹的感覺是什麼呀？」或者「蘋果樹還喜歡農夫嗎？為什麼呀？」確定孩子的情緒是跟著故事的內容。當然，孩子可能有自己的想法，如果父母希望引導孩子的想法，可以採用這樣的提問：「你覺得蘋果樹很開心，為什麼呢？那麼，蘋果樹會不會覺得很難過呢？如果媽媽是蘋果樹，會覺得好傷心哦！因為……」先讓孩子表達他對故事的看法，再由父母說出另一種感覺，一方面可以從孩子的說法中聽出內心的想法，或許就是父母稍早意外的錯誤暗示，可以透過表達讓孩子發現事情的多種可能性，而父母看法的客觀表達對孩子就是一種教育。一般來說，孩子會認同這樣的看法，然後父母就可以繼續EQ故事的內容了。

EQ故事是一種親子溝通，雖然看起來是父母單方面透過暗示教育孩子，實際上孩子也用自己的理解來回應EQ故事，所以互動是必然的。我們可以在任何時間停下來問問孩子的感覺，如果父母懂得傾聽孩子所說的話，相信孩子也更願意接受EQ故事中父母精心設計的積極暗示。

讓親子變得更親密——松鼠與大象

EQ故事不只可以用說的，也可以加上一些親密的小動作，讓孩子能更容易感受到父母的愛。這個故事，我們建議父母可以這樣做：當說到「大象長長的鼻子把棉花稻草弄得更扎實、更溫暖」的時候，父母可以幫孩子理一理棉被；說到「大象用他長長的鼻子溫柔地幫小松鼠順毛」的時候，可以一邊說故事、一邊用手摸摸孩子的頭髮；如果孩子聽著聽著就咯吱咯吱笑起來時，父母可以加上一句：「好舒服喔！小松鼠咯吱咯吱笑起來。」透過身體和語言的感情交流，相信孩子今晚一定會有一個被愛包圍的好夢。

風吹著樹枝，涼涼的。小松鼠躺在一根樹枝上，看著天空，不知道是天上的雲在移動，還是自己的身體隨著樹枝搖動。總之，很舒服的感覺。搖呀搖，雲朵飄遠了，風吹著涼呀涼。

在舒服到快要睡著的時候，小松鼠感覺到震動，咚～咚～，每次震動完就是一陣的嗡嗡嗡的酥麻感，好特別喔！

小松鼠看到一隻大象朝自己躺著的樹走過來。「喂，大象！」小松鼠大叫著，「你願不願意把我放在你背上，載我一段路呀？」

「當然願意了，小松鼠。」大象就用長長的鼻子掃掃自己的背，然後很輕柔地將小松鼠放在背上。

「舒服嗎？小松鼠。」大象問。「大象，真的很舒服，只除了……」松鼠停了一會兒，很小心地再開始說：「可能有一些稻草或棉花，會讓你的背躺起來更舒服些。」

過了一會兒，大象就走進旁邊的草叢，找到一些稻草與棉花，好讓松鼠能舒服地躺在他背上。

大象長長的鼻子把棉花稻草弄得更扎實、更溫暖，松鼠躺著好鬆好軟喔！

「舒服嗎？小松鼠！」大象又問。「非常地舒服，大象！只除了……」小松鼠又停了一會兒，很小心地再開始說：「我的腳涼涼的，頭有點兒癢，我現在身體軟軟的，手抬不起來了，如果你……」大象用他的鼻子抓了抓小松鼠的頭、摸了摸小松鼠的腳，大象還順便用鼻子輕輕地順著小松鼠身上的毛。

「舒服嗎？小松鼠！」大象又問。「很舒服，大象！」小松鼠回答：「跟著你走路，好舒服，我想跟你到處走，去很遠的地方，去看世界有多大。你願不願意載我到那裡？」

「好呀，小松鼠！」

小松鼠太舒服了。在大象的背上，聽到呼嚕呼嚕的聲音，不知道是大象走動時的腳步聲，還是心跳聲。總之，太舒服了。小松鼠閉上眼睛，覺得可以這樣就睡到天亮。

閉上眼睛的時候，小松鼠心裡浮現一個想法：「為什麼你對我這樣好呢？」好像大象可以聽到小松鼠的心聲，也許是小松鼠睡著了以後聽到的夢話，大象的聲音低低柔柔的傳來：「因為你很特別啊！因為我愛你。」

放鬆說一個讓孩子有感而發的好故事

大寶小寶是聰明可愛的兩兄弟，大部分的事情都不需爸媽操心，只是有些時候做事比較拖拉，像「遲到」這件事，就讓爸媽很擔心，兩兄弟也經常因遲到被師長和父母責備。有天，兄弟倆下課後，一塊兒走進學校附近的小書店，打算買兩支鉛筆，卻看到一本剛出版的新書正在促銷，是兄弟倆期待很久的漫畫！於是兩兄弟就坐在書店的地上翻起了漫畫，一頁又一頁入神地看著，直到天色變暗，大寶哥哥才突然發現時間已經很晚了。大寶急忙跟小寶說：「完蛋了，我們忘記

時間啦！現在都快要六點了，媽媽說好今天要帶我們出去吃飯……」聽到哥哥著急的語氣，小寶也急了，唉呀，怎麼辦？回去媽媽要罵人啦……

如果我們恰好是這對兄弟的父母，會有什麼反應呢？

約定好的事情沒有做到，甚至耽誤了重要行程，卻是因為一個屢勸不聽的小毛病，做父母的我們覺得生氣是正常的。孩子在行為上的確不夠好，父母的責備能讓孩子明白自己的行為需要調整，如果父母一再地因為相同的事責備孩子，情況卻不見改善，我們就該注意，是不是有些教養方式需要調整呢？我們在這裡介紹一個EQ故事，讓父母能更清楚編寫故事的技巧。

總是遲到不敢讓父母知道時——小白的心事

小白是一隻很聰明、很可愛的小狗狗，什麼事情都能自己處理，

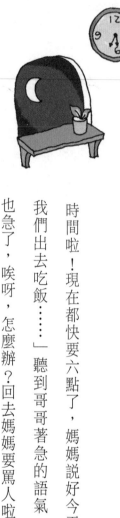

所以狗媽媽好愛小白，也很放心讓小白自己一個人出去玩。有一天，小白像往常一樣跑到森林裡玩耍，碰巧遇到了住在隔壁的小花貓也出來玩，於是小白就跟小花貓說：「那我們一起玩捉迷藏好了。」於是，小白和小花貓高高興興地玩起了捉迷藏。有時小白躲、有時小花貓藏，就這樣一遍遍，不知不覺中，時間悄悄溜走，太陽公公不知什麼時候也回家休息了，等到小白和小花貓想到要回家的時候，森林已經一片漆黑。

EQ故事可以從今天發生的情緒事件開始，也就是「啟」。這個故事就是將今天的「遲到事件」大致經過敍述一次，簡明扼要地將孩子的情緒帶進故事中。

這時，小白覺得很著急，也有點後悔，「糟糕了，媽媽說今天晚上要去外婆家，現在都這麼晚了，一定來不及啦！」於是小白跟小花貓一起跑回家，遠遠地就看到媽媽在門口焦急的等待。看到媽媽在等，小白更緊張了，擔心媽媽會罵人，所以滿腦子都在想該怎麼解釋，才能讓媽媽相信不是自己的錯。然而這一次，媽媽有些不一樣，小白聽到媽媽說：「小白，我們不是說好了今天要早點回家，晚上要去外婆家的嗎？……」小白正想說不是我的時候，媽媽蹲了下來，看著小白的眼睛說：「你知道嗎？每一次你晚回家或是遲到，媽媽都好擔心，你是不是在路上跌倒受傷了。因為媽媽很愛你，所以約好的時間你沒有回來，媽媽真的好緊張喔！我知道你不是故意要讓媽媽擔心的，也不想遲到，對嗎？」

這一段主要是把孩子和父母的情緒通過對話的方式表達出來，也就是編寫EQ故事中「承」的技巧，父母要注意的除了透過故事抒發孩子的情緒外，也能將自己的情緒告訴孩子，讓孩子明白父母因為自己遲到而感到擔心。

聽到媽媽這麼說，小白反而覺得不好意思，低著頭說：「嗯……對呀！因為玩得太高興了，所以忘記回家的時間，我也覺得很緊張，可是沒有想到會讓媽媽擔心……」「小白也很緊張，感覺很不好吧？

原來約會遲到會讓這麼多人心情不好，看樣子守時真是一件很重要的事情呢！」媽媽一邊說、一邊拍了拍小白的頭，小白也抬起頭看著媽媽的眼睛，「對呀！我原本以為媽媽是因為不想讓我多玩一會兒、多做一些我想做的事情，才會在遲到的時候罵我。現在我知道媽媽是因為愛我、擔心我，才要我養成守時的好習慣，所以從現在起，我不會再遲到了！」看著媽媽微笑的臉，小白伸了伸舌頭，一臉俏皮地對媽媽說：「媽媽，對不起！謝謝您！」

「轉」的技巧是透過故事讓孩子用不同的角度看事情，在情緒事件中找到更積極的想法，「原來媽媽生氣不是因為不讓我玩，而是擔心我。」而故事最終要讓孩子知道的，正是父母的愛，而這就是EQ故事結尾「合」的技巧。

透過EQ故事用輕鬆的態度將遲到的情緒表達出來，比父母直接

的指責更容易讓孩子接受，正是因為談論的是故事裡的角色，遲到的孩子可能會擔心、後悔或緊張，當然父母也可能因為擔心孩子而緊張生氣，這些情緒都可以用故事裡的對話表現，讓父母與孩子都能明白彼此的心情。**讓孩子知道自己和父母都會因為自己的遲到而緊張，有情緒是正常的，沒必要因為這些情緒而否定自己，這樣不但能讓孩子認識自己的情緒，同時也讓父母有機會正確體察自己的心情，知道生氣的背後是因為愛而擔心，也幫「不遲到」找到更好的原因。**原本孩子認為準時是為了不被爸媽責備，現在孩子是為了不讓自己和父母心情不好。當孩子發現自己的行為能幫父母做些什麼的時候，就有了自發的動力，相信當故事裡的小白說：「我再也不會遲到了！」也就是孩子改變的開始。

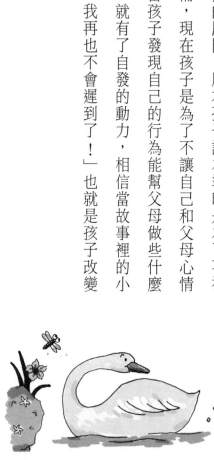

媽媽日記——準時上床的小獅王

品豪媽媽工作和生活都很認真，常常半夜三更還看到她在網上。就像品豪媽媽自己說的，品豪這個小獅子有一段時間碰到寫作業，就變成了一隻睡獅了。而讓品豪媽媽擔心孩子因不能準時完成作業而產生睡眠不足的現象，就在一段時間的睡前陪伴後很快就改善了！

和李韾相識的緣分很特別，也一直很喜歡和他聊天分享感覺，有一次和李韾在茶坊喝茶時聊起我的媽媽經。

品豪是個聰明熱情的孩子，平時的個性就是個急驚風，向來說風就是雨，加上是獅子座寶寶，所以我總愛戲稱他是小獅王。這隻小獅王只要一遇到寫作業的時刻，當場就變成睡獅，所有拖延戰術全都能搬出來演一遍。不過才小學中低年級，作業卻能一路寫到十一、二點。好不容易做完功課要睡了，他竟搬出一疊書來，好整以暇地看個沒完，家裡總是日復一日上演著這種你推我拖的戲碼，讓我真是精疲力竭。

一直無法理解這中間到底出了什麼問題，我們大人的想法，總覺得「早早做完功課，不就能去做自個兒的事了嗎？」直到和李驥聊到這件困擾已久的事，他適時的一句：「是不是想趕快的人一直是媽媽，而不是孩子？」引導我靜下心來思考孩子心裡真正的想法和需求，也許這所謂「自個兒的事」，其實是我想讓他做的事，並非他自己想做的事，所以他才會在潛意識裡抗拒「趕快做完功課」這件事。

緊接著李驥在和我的對談中發現，品豪抗拒「早點做完功課，上床睡覺」的原因，其實是在我身上。自己平時的作息就很隨性，而品豪跟我又非常親近，他的心裡其實相當期待能和媽媽一塊上床睡覺。李驥讓我真切了解到——如果我想要調整孩子的習慣，就必須先改變自己的作息。接著他為品豪擬了一個為期兩週的「特別訓練計畫」，這個計畫的目的，其一是希望品豪能在九點前做完全部的功課，並能由被動的被要求，而後養成主動提醒自己的習慣；其二是養成他十點準時上床，從一開始等媽媽講完15分鐘的EQ故事後，安然的進入甜蜜夢鄉，最後進展到上床時間變成他的生理時鐘，時間一到，他就忍不住要去睡覺，我想這應該是所有得跟孩子進行睡覺拔河賽的媽媽們衷心的期盼吧！

在這兩週的計畫進行期間，我當然是需要做一些生活上及心態上的調整，比方說：我得不斷地和家中長輩們溝通這個概念，讓他們雖不了解卻能配合，並且要提早結束工作時間，以便在七點前回到家，讓孩子能準時開始執行計畫；在這兩小時做作業的時間，我得放下手邊的工作，全心關注他的進度，並做記錄，以確保他能準時完成作業；另外，還需要取得老師的配合，因為在習慣尚未完全調整好之前，這兩星期的作業我只能要求他在「量」的完成，無法在「質」上做要求；最重要、也是最困難的，我必須配合品豪，這兩週內都要十點上床，編講屬於他的故事……認識我的人就知道，要我這麼早離開電腦和網路到床上去，真是一件很痛苦的事呢！這時候，李驥又淡淡地來一句：「不過兩星期而已，這點事我想妳一定願意為孩子做的！」就這樣，我們開始為期兩週完全顛覆以往生活習慣的訓練，努力想讓品豪（或者連我一塊兒）的作息步入正軌。

李驥說**EQ故事其實是一種催眠暗示，可以積極強化、修補關係，也可以成為情緒的出口**，他先是陪著我練習了幾種不同情境下的故事說法，在開始執行計畫時，更是常常幫我盯緊時間，透過MSN提醒我：「該下班囉！」「睡覺時間到囉！」過程中也不時地為我解惑，加強我的信念與信心。就這樣，從第一天、第二天的手忙腳亂，因平時都沒有在這麼短的時間內寫完功課，簡直就像打仗一樣，到臨要上床時，我情緒緊繃到差點沒法說故事。不過，品豪對我的EQ故事，倒是很有意見。第三天，他已經不願意聽催眠意識這麼明顯的故事了，他說：「媽媽，妳這故事不好，我聽了好快就睡著了，換一個。」他還想指定故事聽呢！只好緊急向李驥求救，加強我說故事的能力與方法，才讓他又順利地在故事中睡著。

很快的，一星期過了，我們的故事也由森林冒險換成了環遊世界一百天，在故事裡，我們去了德國、瑞士、日本……故事裡的那架飛機，載著我們去了好多地方玩。隨著晚上的旅行，白天裡，他在做作業的時間管理上也有了顯著的進步，而且比以往專心很多。在執行計畫的兩週內，品豪也真的都能在預定的時間內完成作業，並且上床，這對他來說，是非常不可思議的事，我很替他開心。

李驥是個很好的帶領者，進行任何一項改變的過程，一定會有許許多多的因難，比方惰性或習慣性的幫自己找藉口等，像我就一直覺得自己的聲音不適合說催眠故事，但李驥總會在適當的時機給我一句值得深思的話，讓我在自省後，能有力量再繼續堅持下去，就像書裡說的：「**讓孩子感受到媽媽對他的愛，才是最重要的。**」

最近我又要開始新一波的計畫了，這回想幫品豪改善的是他在學校遇到的人際衝突，於是再把李驥給過我的東西翻出來看，相信我一定也能從中找到新的想法，以新的EQ故事，為孩子撫平傷口、找到新的方向，就像李驥說的，「**只要把故事說好，孩子會有自己的路的。**」

第3章

EQ故事實例

我們終其一生不斷地透過說自己的故事，穩固了一個生命的劇本，問題是，我們對於生命中所發生過的千千萬萬個事件與經驗，會擷取哪些部分來編寫自己的生命故事呢？是歡笑與成功的經驗，成就一個樂觀的生命故事；還是傷心挫敗的經驗，總合成一個負面悲觀的生命故事？EQ故事就是透過心理學概念的設計，在孩子成長過程中創造好的神經聯結，而成為一個個滋養的生命經驗。

EQ故事的心理效果

為什麼一個好的故事會孩子讓產生積極的心理效果呢？

第一，故事能吸引注意力，並且讓孩子開啟出一種特定的、變動的意識狀態。

故事是同時和左腦及右腦溝通、同時與意識及潛意識對話。它同時作用於意識——左腦的、線性思考的、序列的、細節的及邏輯與評斷；潛意識——右腦的、圖像思維的、整體印象、象徵的及情緒的。說故事時有它線性邏輯的順序，並且鋪陳出圖像、情緒和象徵的內容，孩子用到了所有的心靈在聆聽。而在意識忙著聽時，潛意識同時打開了。

第二，故事能降低威脅、減除防衛。說故事也是談論事情、進行

溝通或意圖影響對方的方式，但是並未直接談論這件事情。一個策略性的故事能減低威脅，閃過孩子的批判機制——因為我們並不是在直接談孩子！沒有人喜歡直接被批評矯正，只要感覺到是「針對我」的評論與說教，防衛與抗拒就會擋掉後續要傳遞進去的訊息。

第三，有效的故事能展開一個平行對應的結構，使故事的角色、情節與孩子的生活經驗相互呼應；但這種對應又不能太直接，否則孩子的意識會直接判斷，而可能封閉抗拒，這種對應的結構被稱為「同態體」（isomorphism）。我們以小王子的故事為例來說明。

人生經驗／事件	故事情節
孩子	小王子
父親	國王
母親	王后
家	皇宮
孩子要處理的問題	小王子的煩惱

第四，有效的故事要能提供一個問題的解決方向，或是心靈的支援滋養。

在故事裡能夠攜帶「正向暗示」的訊息，透過隱喻、角色的投射，以及引述角色對話等管道，來傳遞給聽故事的小孩正向的暗示，而這就滋養了孩子的心靈。

另外，對於孩子的煩惱問題，我們可以透過故事來給出一個解決的方向。孩子的煩惱是什麼？或是課業、學習壓力的煩惱，或是自卑覺得不如人，或是與兄弟姊妹和同學相處上的問題，或是父母經常吵架而擔憂害怕……在故事平行結構的設計裡，我們可以這樣做：

要處理的問題	故事情節
學習壓力	國王給王子請了很多師傅，有的師傅很嚴厲，要求很高。
自卑（行為表現或生理特徵）	小王子常常在不適當的場合放屁，他覺得大家都在看他，他很尷尬，想要躲起來。
人際相處的困擾	在王子學園中，別的國家的王子們常常會故意找他麻煩。
擔心父母的吵架	王子曾經幾次聽過國王和王后的吵架，雖然不明白為什麼，但是他會擔心，也有些害怕。

然後再去豐富化這段對應的情節。例如：

在城堡裡的王子，其實沒有辦法逛遍這個巨大的城堡。一方面城堡實在太大了，另一方面國王希望小王子能夠抓緊時間好好學習，因為以後他要管理整個國家，爸媽對他的期待是很深的。所以你知道嗎？小王子要學習古文、算數、騎馬、劍術，還有好多好多……每一門學問，國王都聘請了最高明的老師來教他。

你一定不相信，小王子居然有二十四個師傅，怎麼可能？一天也不過才二十四小時啊！試想，小王子常常是剛放下弓箭，就要拿起毛筆來寫字；有時候，古文還沒背會，就要趕著計算皇宮花園裡的一百棵樹，每棵樹上有十個鳥巢，每個鳥巢裡有五顆鳥蛋的這種數學問題。唉，不過，這還不是小王子真正的煩惱……

小王子有著一個特別的煩惱，那就是——他很會放屁！而且常在不該放屁的時候放屁。

他一直記得有一次宮廷宴會的時候，他放了一個響屁，周圍的人都捂住鼻子東張西望，小王子雖然盡量表現得若無其事，心裡還是擔心有人懷疑到他。特別是那次宴會，有一個他偷偷喜歡的鄰國小公主也應邀來參加。小王子心情糟糕透了，把自己關在房間裡整整一個星期，不敢走出去。

在那之後，每次一到人多的地方，就會特別緊張，好像周圍的人都在看他，讓他躲也躲不掉。

在為孩子設計故事解答（或是艾瑞克森所謂的「教育策略」）的時候，有幾個重要的概念：

1. 對於孩子的困境，給予同理與接納。有時候父母能夠接納或同理孩子的情緒，就能讓孩子覺得好過很多。

2. 允許孩子自然的表達情緒，父母不做負面的評斷，不對情緒貼上負面的命名標籤。在故事情節鋪陳中，讓孩子的情緒被接納；而在聽故事的平行心理結構裡，孩子也學會了給情緒表達與釋放的方向。

3. 在故事中對於孩子的困境給予轉化。

4. 故事要能促進情感整合與自我接納。

聽故事，其實也就是在創造一個生命經驗，甚至於是創造孩子一個記憶！

學會接受自己的不同——小王子的煩惱

一個心理學的實驗設計，讓訪問人員詢問學生過去的事件，中間放進一個假的記憶，「我們也同時問過你的小學老師，她說小二的時候，全班去遊樂場玩，你走失了，大家都找不到你，還好後來有好心的人把一直哭的你帶回來。」在後續的調查中發現，這個學生不僅相信了這個「記憶」，而且還會自動補足其他相關資訊，讓走失事件的前後脈絡都完整而合理，成為他生命中的一個真實經驗！

我們終其一生不斷地透過說自己的故事，穩固了一個生命的劇本，問題是，我們對於生命中所發生過的千千萬萬個事件與經驗，會擷取哪些部分來編寫自己的生命故事呢？是歡笑與成功的經驗，成就一個樂觀的生命故事；還是傷心挫敗的經驗，總合成一個負面悲觀的生命故事？**EQ故事就是透過心理學概念的設計，在孩子成長過程中創造好的神經聯結，而成為一個個滋養的生命經驗。**

很久很久以前，有一個很大很大的城堡，很奇怪的是，那個很大很大的城堡是在一朵非常巨大的白雲上面。想想看，多麼奇妙！在一朵很巨大很巨大的白雲上，有一座城堡！當陽光照在城堡的城牆上時，會反射映照出七種色彩的光芒。那朵巨大的雲會慢慢的飄，大多的時候人們都不會察覺，它的移動是那樣緩慢而溫柔，是一種讓人舒服的溫柔，就像是呼吸的細細的風，暖暖的。

在那個很大的城堡裡，住了一位既聰明又可愛的小王子，國王爸爸和王后媽媽都很愛他，可是他還是有著他的煩惱。小王子常常認為，爸爸和媽媽應該不知道他的煩惱是什麼。周圍的人都覺得小王子過得很好，既聰明又可愛，應該每天快快樂樂的才對呀！只是好像沒人知道，小王子有他自己的、一個特別的小煩惱，那就是他很會放屁，而且常在不該放屁的時候放屁。

小王子記得有一次宮廷宴會時，他放了個響屁，周圍的人都捂住鼻子東張西望，小王子雖然盡量表現得若無其事，心裡還是擔心有人懷疑到他。特別是那次宴會，有個他偷偷喜歡的鄰國小公主也應邀來參加。小王子心情糟糕透了，他把自己關在房間裡整整一個星期，不敢走出去。在那之後，每次一到人多的地方，他就特別緊張，好像周圍的人都在看他，讓他躲也躲不掉。

這時，可怕的事情發生了。邪惡帝國決定對小王子的國家發動攻擊，大軍即將來到他們的城堡。國王把小王子叫到跟前，將指揮軍隊的黃金權杖交給小王子，同時很嚴肅的對小王子說：「邪惡帝國的軍隊十分強悍，但是我相信你的能力，所以我把精銳部隊交給你指揮。小王子，要對自己有信心，不要被敵人嚇倒，就好了。」

還在為自己放屁而煩惱的小王子，聽到國王這麼說，簡直嚇壞了！小王子急忙搖頭說：「父王……這……我想您還是重新考慮一下吧！我沒有帶過兵、打過仗，恐怕不是邪惡帝國軍隊的對手，況且……況且我還有自己的煩惱沒有解決……」當著國王的面，小王子不好意思說自己的煩惱就是放屁，要是在戰場上當著敵人的面放了很響很臭的屁，那就真的糗大了！不過，國王不打算讓小王子解釋，依舊沈穩堅定地對小王子說：「我已經安排好了，你就帶著我的權杖指揮軍隊。記得，只要對自己有信心，我們一定能打勝仗的！」

就這樣，一切都布置好了。

敵軍來到城下，小王子也穿上大了好幾號的盔甲，把軍隊帶出城。他努力地站得直直的，抓緊了父親交給他的黃金權杖。邪惡帝國大將軍看到小王子面無表情又站得挺挺的，他大喝一聲：「你們不是我的對手，投降就饒你一命！不投降，殺無赦！」小王子站得直直的，身體也緊緊的，因為，他的屁快藏不住了。他屏住嘴唇，全身都用力，心裡想著：「不行，不行……」

「你說話啊？你啞巴嗎？還是你怕到說不出話來？」邪惡帝國的大將軍指著小王子說：「快投降……」話才說到一半，只聽到好大一聲的「不～」從小王子這裡發出去。

小王子放屁了，而且是好大好大的一個屁，是他有史以來所放過最大聲的一個屁，這是一個全部的人都聽得一清二楚的大屁！

「你……你居然膽敢這樣羞辱我……」敵國將軍氣壞了。

小王子這邊的士兵們都笑了，大家覺得這個小王子實在太酷了，不僅勇敢地說不，還用這種特別的方式來羞辱對方。聽到連對方的士兵們都在笑他，那個大將軍氣到快要爆炸了。他用手指著小王子，每根鬍子都翹了起來，隨著他生氣的喘氣一上一下的。「你……你……你……，我……我……我……」

這時候小王子的第二個屁，又來了。「波波波……」冒泡的聲音，剛好隨著大將軍生氣發抖的頻率，像在替他伴奏一樣。

大將軍氣到冒煙了，因為他不只聽到小王子這裡的軍隊大笑，連他自己後面的士兵們也都忍不住笑起來。大將軍轉過頭去，往後方大喊：「笑什麼笑？你們不想活啦！」

這時候，小王子的第三個屁來了。「嘶嘶嘶嘶……」

小王子的屁又響又臭，戰場上的人都聞到了小王子放的三個屁，大家覺得太好笑了，怎麼會派一位這麼愛放屁的小王子來打仗呀！於是，邪惡帝國軍隊的士兵們再也忍不住，全都笑了起來，而且越笑越大聲、越笑越厲害，不一會兒的工夫，邪惡帝國軍隊的士兵都笑得東倒西歪，連腰都直不起來了。

一直埋伏在小王子身後的國王知道時機成熟了，就大喊了一聲：「衝啊！」率領著躲在後方埋伏的軍隊，向著邪惡帝國的軍隊衝殺過去。「殺～」

邪惡帝國的軍隊一陣大亂，這時候，小王子機警地彎下身體，用手上長長的權杖，勾倒大將軍的腿。小王子帶領的精銳部隊立刻衝出去，七手八腳地把敵國大將軍拖進來綁成一粒粽子。國王對敵軍大喊：「你們的大將軍已經被我們抓住了，放下武器投降吧！」

大戰很快地結束，國家再度恢復和平。國王在皇宮舉辦慶功宴，獎賞那些保衛國家有功的人，當然，小王子是最大功臣。國王再度把小王子叫到跟前，很親切地對他說：「謝謝你！要不是你，我們可能打不贏邪惡帝國的軍隊呢！」雖然小王子覺得很光榮，但也覺得挺不好意思的。小王子紅著臉說：「父王，快別這麼說，我好像什麼都沒做呢！我只是因為緊張害怕，忍不住……」小王子結結巴巴地說不出話來，國王很體貼地安慰了小王子：「忍不住放了幾個屁，是嗎？你覺得總是放屁讓你很煩惱、很難過，對吧？其實放屁是很正常的事，每個人都會放屁，我也經常在別人面前放屁呢！呵呵，不過都是真的忍不住了……」國王笑著說：「這一次能打勝仗，真的要歸功於你放的那幾個屁。我知道你一緊張就會放屁，全是又響又臭的屁，而且我也知道邪惡帝國的軍隊沒有見過在戰場上會放這麼響、這麼臭的屁的人，所以我才要你帶領精銳部隊，假裝和邪惡帝國作戰，其實早就埋伏了軍隊等待進攻的最佳時機。你做得很好，就是因為你那幾個屁，讓敵人笑到自亂陣腳，我們才能打勝仗的。」

國王收起了笑臉，用很慈祥的語氣和表情對著小王子說：「每個人都是與眾不同的，當你因為自己的與眾不同而煩惱緊張、甚至覺得自卑的時候，你就不會發現自己的與眾不同也能帶來成功和快樂。不論你是多麼的與眾不同，你都是我的孩子，我會永遠包容你、接納你，我會永遠愛你，你也要懂得包容接納自己，永遠記得愛自己，好嗎？」

講述EQ故事

這裡，我們準備了一些精心編寫的EQ故事，可以讓父母依照自己的需要選用，並且在睡前說給孩子聽。父母在挑選故事的時候，除了注意題目指出的情緒內容之外，也需要將內容通讀一遍，父親需要自行調整原來設計給媽媽和孩子互動的故事內容，同時也要注意語氣情緒的安排調整。我們最希望的，是每一位父母都能替孩子設計講述屬於自己的EQ故事，畢竟催眠暗示雖然對孩子的成長有一定的影響，而更重要的是我們對孩子的愛，所以，希望在一段時間之後，每一位父母都能用自己的EQ故事送給孩子更完整的愛。

開場故事

在每一次說故事時，建議父母可以在EQ故事之前加上開場故事，這是一段放鬆的引導，讓孩子能更輕鬆地聆聽父母用心說的故事。第一次說開場故事的時候，我們建議可以盡量舒緩而完整地描寫場景和過程；第二次之後，因為孩子已經熟悉了，父母可以適當地縮短開場故事，也許星光的形容能簡化一些。當我們把神祕花園帶到孩子面前之後，就可以開始對孩子說他們喜歡的故事。

神祕花園

在你舒服地躺在溫暖的被窩裡開始進入夢鄉之前，我們會一起探索一座神祕的花園。有一條長長的路通往那座神祕花園，你一定找得到那座神祕花園，因為在神祕花園入口的方向，有一顆明亮的引路星高高的掛在天空。這是屬於你一個人的引路星，正在閃耀著你喜歡的顏色，你喜歡銀白色的星星，還是水晶藍；是寶石綠，還是櫻桃紅呢？你可以幫你的引路星選一個喜歡的顏色，因為這是專屬於你的星星。

在選好了星星顏色之後，我們可以一起抬頭看著那顆引路星，引路星的光芒就像山裡的溫泉一樣慢慢地向你流過來，從你的頭頂慢慢地流向全身，一直到你的身體都被這道純潔溫暖的星光包圍，你會感覺星光照亮的地方都變得好溫暖、好放鬆了。純潔溫暖的星光從頭頂開始慢慢地照亮身體，你的頭和身體都覺得好輕鬆喔！星光從你的手臂慢慢地流向手掌，然後是每根手指頭，這時候你有什麼感覺呢？星光又從你的雙腿慢慢地流向你的雙腳，然後是每一根腳趾頭，這時候你有什麼感覺呢？是不是覺得越來越輕了呢？

當純潔溫暖的星光把你全身都照亮之後，這道星光會悄悄地照進你的心裡、敲開你的心門，然後照亮你心裡的房間，不管心裡頭藏著什麼想法，他們都是你的朋友，都和你一樣被純潔溫暖的星光照亮了。星光把好多好多的愛帶進你心裡的房間，這個房間開始越變越大，裝著滿滿的愛；心裡的房間慢慢的變大，可以把自己和所愛的人通通裝進心房。

在你的引路星光圍繞下，你變得越來越輕，慢慢地飄了起來，越來越輕，也越飄越高；在引路星光的帶領下，你慢慢地向著神祕花園的入口飛去；在引路星光的保護下，你會很安全，覺得溫暖輕鬆。引路星會永遠保護你，永遠都不會孤單寂寞，千萬不要忘記了喔！

引路星帶你到神祕花園的門口了，在門口旁有一個置物箱，這個箱子能存放所有的東西，如果你覺得心裡的房間仍放著一些讓你覺得不夠輕鬆的事情，或許是白天跟別人吵架了，還是被責怪覺得委屈了，不論有什麼讓你覺得不夠輕鬆的事情，你可以通通把它們放到這個箱子裡，然後鎖起來，讓自己能輕輕鬆鬆地走進屬於你的神祕花園。

現在引路星打開了神祕花園的大門歡迎你，只要你走進去，就會看到各種美麗的景象，白雲、藍天、草地、花朵、小動物，他們會在你的神祕花園裡上演好多好多的故事，而今天故事的主角是誰呢？

愛的分享

如果父母只打算讓孩子放輕鬆睡個好覺，開場故事就相當適合，這個故事採取催眠的語法、開放式的結構，並且帶有一點點情緒處理的功能，讓孩子把緊張壓力鎖上，然後在自己的神祕花園裡舒舒服服睡著，或許晚上還會做一個夢。不只是孩子，如果親密伴侶也因為情緒困擾而失眠，試試看對她／他說這個開場故事，你們會驚訝的發現EQ故事對大人也有效！

EQ 故事

1 孩子遭遇難過與挫折時——蘋果樹與農夫

在一座幸福美滿的農場裡，有棵健康快樂的蘋果樹，因為這座農場建在一座美麗的山坡草原旁邊，離農場不遠的地方還有清澈的小溪流過。這座農場的氣候四季如春，蘋果樹每天都在鳥語花香的氛圍中成長，所以這是棵快樂的蘋果樹。在這座農場裡住著一位好勤勞、好有愛心的農夫，不管春夏秋冬、颳風下雨，都不辭辛勞地澆水施肥、除草抓蟲，非常用心地照顧這棵蘋果樹，所以這也是棵健康的蘋果樹。

生長在幸福美滿農場裡的這棵蘋果樹，剛發出嫩綠的小芽，從泥土地裡鑽出來呼吸第一口空氣開始，就在農夫全心全力的照顧下慢慢成長。蘋果樹記得翻鬆泥土後伸展樹根時，覺得特別舒服；蘋果樹也記得施肥澆水後伸展枝葉時，覺得特別精神；蘋果樹也記得風和日麗的日子裡，和其他的樹木花鳥一起享受陽光微風的日子，覺得特別快樂。所以蘋果樹覺得自己是世界上最幸福的蘋果樹了。

慢慢地，蘋果樹長大了，先是在夏天剛開始的時候，開了好多好多的花，每個枝頭都開著美麗的花朵，好多的蝴蝶蜜蜂都飛到蘋果樹的身上，稱讚蘋果樹在花朵的妝扮下變得更美麗了。農夫看到蘋果樹開了花，笑得嘴都合不攏。聽見蜜蜂蝴蝶的讚美，看到農夫開心的笑容，蘋果樹覺得很高興，也更有自信了。

又過了一段時間，花兒慢慢掉落，蘋果樹開始結果，一顆、兩顆、三顆、四顆……蘋果樹長出了幾十顆、幾百顆的小蘋果，每個開過花的枝頭都長出了小小的蘋果，真的好多好多，數都數不清。就連路過的小鳥看見蘋果樹，都很羨慕的說：「這真的是我見過最多蘋果的蘋果樹了。」聽見這句話，蘋果樹覺得有些驕傲，蘋果樹從沒想過自己能開這麼多花、結這麼多果，蘋果樹心想：「如果照顧我的農夫看到了，一定會更開心、更高興吧？」

蘋果樹一邊猜想著農夫的表情，一邊等呀等的，終於等到了天亮。農夫走到蘋果樹旁，蘋果樹沒想到的是，這時農夫並沒有露出高興的表情，只是很仔細地檢查了樹上結的每顆蘋果，然後拿出一把剪刀。看到這把剪刀，蘋果樹並不擔心，因為平常農夫都用它來剪除樹旁的雜草，而蘋果樹還不知道，這次，這把剪刀要剪除的，不再只是雜草……

「哎喲！」蘋果樹喊叫起來，「發生什麼事了？農夫……農夫在用剪刀剪我結的果實？」原來農夫正拿著那把剪刀，把蘋果樹上剛結出的果實給剪了下來，雖然農夫每次修剪都小心翼翼地深怕傷了蘋果樹，但是蘋果樹還是覺得不敢相信。「這……這怎麼可以！這些……這些都是我辛辛苦苦開花才結出的果實，怎麼可以把它們剪掉呢？」

蘋果樹拚命的呼喊，然而農夫並沒有因此停下來。農夫一方面輕柔地修剪剛結出來的果實、一方面仔細地包紮修剪後的傷口。眼看著一顆顆果實在農夫一次次的修剪下落到地上，蘋果樹覺得好難過、好傷心，蘋果樹心裡一邊哭、一邊問：「為什麼要剪掉我辛辛苦苦結出來的果實，為什麼？」可是農夫手中的剪刀依然沒有停下來，直到蘋果樹旁的地上掉滿了蘋果，這時候，蘋果樹上的果實已經所剩無幾，農夫手上的剪刀才停了下來。農夫用手擦了擦滿頭的汗，再仔細地看了看蘋果樹，這才露出了滿意的笑容。

這時候，蘋果樹不再是結果最多的蘋果樹了，看著散落一地的果實，蘋果樹覺得委屈難過；看著農夫帶著剪刀從農場離開的背影，蘋果樹大聲地喊著：「我討厭你！我討厭你！你把我的果實都剪掉了，我討厭你！」路過的小鳥聽見了，停在蘋果樹的枝頭，對著蘋果樹說：「聽起來你很難過，是嗎？」蘋果樹回答說：「我好傷心，也好生氣，我原本是結果最多的蘋果樹，卻被農夫的剪刀把果實都給剪光了！」聽完蘋果樹的話，小鳥回答：「嗯，你想要成為結果最多的蘋果樹，卻被農夫把果實剪光，而沒辦法完成，我知道這樣的感覺，這種感覺是委屈……」小鳥一邊說、一邊繞著蘋果樹飛了兩圈，「嗯，我看看，你身上仍有不少的蘋果呀！在我看來，總還有幾十顆，而且這些蘋果都長在比較粗的枝幹上呢！」蘋果樹聽到小鳥這麼說，很不以為意地回答：「幾十顆算什麼！你不看一下地上，那個討厭的農夫剪掉了幾百顆果實呢！我所有的果實、所有的努力都被那把剪刀給剪掉了！」小鳥聽到蘋果樹既難過又憤怒的口氣，也不知道該怎麼安慰蘋果樹，只能嘆一口氣說：「既然你這麼想，那我也幫不上什麼忙了！」

小鳥飛走了，蘋果樹在夜裡孤孤單單的，覺得傷心又難過，不停地回想起自己枝頭開滿花兒、結滿果實的樣子，一直記得蝴蝶蜜蜂稱讚自己的樣子，蘋果樹覺得自己再也不能成為結果最多的蘋果樹，所有的心血努力，都是可惡的農夫造成的。

從那天之後，蘋果樹就一直回想著開滿花兒、結滿果實的樣子，不願意再看自己一眼；蘋果樹也一直責怪拿著剪刀修剪的農夫，而不願意再看農夫一眼。農場從此少了歡樂的氛圍，變得死氣沈沈的。直到秋天來臨了，一群從城市裡來郊遊的小朋友的對話，才讓農場打破了沈寂。「哇，你們看呀！好大的蘋果哦！」「對啊對啊，這裡有一顆……不對，是兩顆……三、四、五、六……哇，好多顆好大好大的蘋果哦！」蘋果樹睜眼望去，原來是一群好可愛的小朋友正在興奮地張望著。「不只是大，你們看，這棵樹上的蘋果每一個都好紅、好漂亮哦！」「對啊，這是我見過最大、最漂亮的蘋果了！」聽到這些小朋友的讚美，蘋果樹向四周張望了一下，心想：「哪裡有這樣的蘋果樹呢？我怎麼就沒見著。」

這時候，蘋果樹看見農夫從遠處走過來，在身旁停了下來，對著那一群小朋友說：「小朋友，這棵蘋果樹的蘋果不只長得大、長得漂亮，這棵蘋果樹的蘋果還特別甜、特別好吃哦！不相信的話，我摘一顆請你們嘗嘗……」農夫一邊說、一邊從蘋果樹上摘下一顆鮮紅的蘋果，這時候蘋果樹和所有小朋友都看見了這顆蘋果，竟然一起驚呼：

「哇，好大、好漂亮的蘋果哦！」然後蘋果樹和農夫看著小朋友們一人一口地吃了起來，每個人都露出幸福的表情。「真的好甜哦！這是我吃過最香最甜的蘋果了。」蘋果樹覺得特別詫異，「我結的果實不是都讓農夫給剪掉了嗎？」這時農夫說話了，似乎是對著這群小朋友說，也像是對著蘋果樹說：「其實這棵蘋果樹在夏天的時候，結了滿樹的蘋果，如果每個蘋果都長大了，現在就會有好多倍的蘋果呢……」「那為什麼現在只有這些蘋果了呢？」一位小朋友問道，農夫回答說：「如果夏天剛結出的蘋果都任由它們生長，那麼每個蘋果能吸收的營養會不夠，就結不出這麼大、這麼甜、這麼漂亮的蘋果了；而且如果不修剪那些歪歪曲曲的樹枝，蘋果樹就可能被越來越沈的重量給壓斷，最後不但不能結出甜美的蘋果，還有可能因為傷勢過重而枯萎的……」

農夫一邊說、一邊拍拍蘋果樹，「當我拿起剪刀修剪那些果實的時候，我也很心疼、很捨不得，蘋果樹費了好大的工夫才開了花、結了果，要讓一些還沒成熟的果實離開，一定覺得很難過。只是如果不修剪那些多餘的果實，不但長不出甜美的蘋果，還有可能讓蘋果樹枯萎，所以，我只能拿起剪刀，把多餘的果實給剪下來了！」小朋友聽完農夫的故事，認真地點著頭說：「修剪果實是為了讓我們有更大更甜的蘋果可以吃，農夫伯伯和蘋果樹哥哥真是用心良苦啊！來，我們一起來謝謝他們吧！」「謝謝蘋果樹哥哥！謝謝農夫伯伯！」

面對小朋友真心地感謝，蘋果樹一下害羞了起來，樹枝上每棵蘋果變得更紅嫩了，這時候蘋果樹再也想不起自己開滿花、結滿果的樣子，而是想起了農夫辛勤照顧自己的樣子——每一次的施肥灌溉，每一次的耕耘除草，農夫揮汗如雨的模樣；蘋果樹也想起了小朋友品嘗自己甜美果實後心滿意足的笑臉，以及真心誠意的感謝。這時候蘋

果樹才明白，雖然農夫沒有多說什麼，農夫做的每一件事都是為了愛——耕耘除草是愛，施肥灌溉是愛，修剪果實也是愛。如果沒有農夫的悉心照料，蘋果樹不知現在能不能結出這麼大、這麼甜、這麼漂亮的蘋果，也不知能不能繼續健康快樂的成長。

看著手拿蘋果心滿意足的小朋友和農夫離開農場的背影，蘋果樹在心裡說：「謝謝你的愛，有些愛能立刻明白，有些愛要過一段時日才會明白，因為愛，我會每一天更健康、更快樂的長大。」帶著農夫的愛和甜美的果實，蘋果樹覺得自己又變成一棵最快樂、最幸福的蘋果樹了，帶著這樣幸福快樂的感覺，蘋果樹慢慢地在夜裡睡著了。蘋果樹今晚會有個幸福快樂的夢，明天早上醒來之後，都會更幸福、更快樂地過好每一天。

孩子和父母的意見不同時，有些孩子選擇委屈自己，有些孩子則會遷怒父母，雖然都是溝通障礙，但是產生的情緒卻不相同。當父母覺得孩子因為管教的問題而生氣，可能是直接跟父母爭吵，或者和父母冷戰、摔東西等，都可以使用這個故事。此時需要注意的，是讓孩子在故事中表達情緒，所以在蘋果樹說：「……我討厭你……」及小鳥回應：「……你一定很難過……這種情緒是委屈……」的部分要稍微生動一些，或許也可以在這些部分稍微停下，問問孩子的看法。請記得：不論孩子說或不說，父母都要保持接納寬容的態度。雖然剪樹枝是為了孩子好，畢竟動刀的還是我們，是吧？

2 面對人際衝突發生時——小白兔的胡蘿蔔

有一隻可愛的小白兔，長長的耳朵、紅紅的眼睛、白白的皮毛，不論誰見到了小白兔，都會禁不住地讚賞小白兔的美麗與可愛。小白兔跟爸爸媽媽住在綠油油的大草原上，爺爺奶奶的家也在附近，小白兔就在爸爸媽媽和爺爺奶奶的愛護照顧下，一天比一天更美麗可愛，也一天比一天更健康快樂地成長。

因為爸爸媽媽和爺爺奶奶都十分喜愛小白兔，所以有時小白兔會在爺爺奶奶家住段時間，然後再回到爸爸媽媽家。住在奶奶家的時候，小白兔除了陪伴奶奶，也喜歡和奶奶撒嬌，尤其是小白兔喜歡吃香甜的胡蘿蔔，所以小白兔經常拉著奶奶說：「奶奶，人家想吃胡蘿蔔！」禁不住小白兔的懇求，奶奶總會從儲藏食物的地方拿出兩根胡蘿蔔給小白兔，同時對小白兔說：「因為小白兔很聽話，在家裡陪伴奶奶，所以奶奶給小白兔兩根胡蘿蔔作為獎勵。只是小白兔要記得，把一根胡蘿蔔分給隔壁的小灰兔，他們家環境不好，小白兔又這麼善良，一定會把胡蘿蔔和小灰兔分享的，對嗎？」因為小白兔特別喜歡吃胡蘿蔔，看著剛從奶奶手中接過來香甜的胡蘿蔔，小白兔很捨不得地對奶奶說：「奶奶，我最喜歡吃胡蘿蔔了，我覺得兩根胡蘿蔔對我來說剛剛好，為什麼還要分給隔壁的小灰兔呢？我不想給他，我想自己吃！」

聽到小白兔的抱怨，奶奶還是很慈祥的微笑，再拍拍小白兔的頭，「因為奶奶愛小白兔，因為分享就是愛啊！」聽到奶奶這麼說，小白兔心不甘情不願地將一根胡蘿蔔分給了隔壁的小灰兔，卻一點都不明白為什麼分享就是愛。小白兔覺得奶奶肯定不夠愛自己，所以才會要自己把一根胡蘿蔔拿給別人。

回到媽媽家，除了幫媽媽做家務，小白兔也喜歡向媽媽撒嬌，經常拉著媽媽說：「媽媽，人家想吃胡蘿蔔！」禁不住小白兔的懇求，媽媽總會帶著小白兔跳到附近的田野裡，指著一片長著雜草和胡蘿蔔的土地說：「因為小白兔這麼乖巧，在家裡幫媽媽做家務，所以媽媽要教小白兔怎麼找到胡蘿蔔，讓小白兔學會怎麼把胡蘿蔔從土地裡挖出來。」看著眼前一片雜草，小白兔根本分辨不出哪兒長著胡蘿蔔，又要用什麼方法才能挖出來。小白兔很沮喪地對媽媽說：「這些雜草看起來都一樣，我一定找不到胡蘿蔔的。用手腳把胡蘿蔔挖出來，那會把我一身潔白的毛給弄髒了，媽，我不要學怎麼找胡蘿蔔！」聽到小白兔的抱怨，媽媽用充滿鼓勵的語氣說：「因為媽媽愛小白兔，因為學習就是愛啊！」

聽完媽媽這麼說，小白兔只能心不甘情不願地跟著媽媽在草堆裡尋找胡蘿蔔，再用手腳慢慢地把胡蘿蔔挖出來。雖然小白兔還是吃到了胡蘿蔔，卻弄得一身髒兮兮的。他一點都不明白為什麼學習就是愛，只覺得媽媽肯定不夠愛自己，所以才會要自己把胡蘿蔔從地裡挖出來。

有天，小白兔和小灰兔約好一起到森林裡玩耍，平時爸爸媽媽和爺爺奶奶都擔心小白兔會迷路，因為森林裡住著大野狼，要是天黑之後還在森林裡逗留，就會被大野狼吃掉，再也回不來了，所以爸爸媽媽和爺爺奶奶不准小白兔到森林裡玩耍。出門時，小白兔撒了謊，告訴媽媽要去奶奶家隔壁的小灰兔家玩耍，媽媽這才讓小白兔出門。小白兔和小灰兔從來沒有到過森林，沒見過這麼多這麼大的樹木，還有從沒見過的花花草草，覺得特別新奇，於是小白兔和小灰兔開始在森林裡到處跑、到處跳，覺得特別開心。

這一路上，小白兔和小灰兔不停地欣賞美麗的風景、不斷地奔跑跳躍，忘記了時間，也忘記了回家的路，當小白兔和小灰兔覺得跑夠了、玩累了，太陽已經落到西邊的山頭，天就快要黑了。這時，小白兔想起爸爸媽媽說過森林裡住著大野狼，覺得好擔心、好害怕，小白兔膽戰心驚地對小灰兔說：「小灰兔，我好害怕，我們趕快回家吧！」

在森林玩了一天，精疲力盡的小灰兔這時趴在地上，一動不動地說：「小白兔，我覺得好累，又好餓，再也跑不動了！」小白兔這才發現，一整天只顧著玩耍，什麼東西都沒吃，不只是小灰兔，小白兔也覺得肚子好餓。小白兔又怕又餓，用難過得快要哭出來的聲音說：

「我也好餓哦！我好想回家哦！要是這時候有胡蘿蔔吃那該有多好……」說到胡蘿蔔，小白兔靈機一動，「對了，媽媽不是教過我怎麼找胡蘿蔔嗎？」

小白兔四處張望，果然在不遠處大樹旁的草堆中長著許多野生的胡蘿蔔，小白兔喜出望外，興奮地對著小灰兔喊著：「小灰兔小灰兔，堅持一下，我帶你去找胡蘿蔔！」小灰兔聽到有胡蘿蔔可以吃，也打起了精神，跟著小白兔跳進草叢，一起挖出了許多胡蘿蔔。小灰兔邊挖邊吃，然後用充滿羨慕的口氣對小白兔說：「我覺得你好厲害哦！竟然知道怎麼在田野裡找到胡蘿蔔。」小白兔很驕傲地說：「那可不，因為媽媽教過我怎麼挖胡蘿蔔呢！」於是小白兔和小灰兔吃了好多胡蘿蔔，補足了力氣，一起往回家的路上跑去。

雖然吃過了胡蘿蔔，但是小白兔和小灰兔畢竟還小，跑不快跳不高，這時太陽已下山，天就快要黑了，小白兔似乎可以聽到從森林深處傳來大野狼呼朋引伴的嚎叫。小白兔和小灰兔既緊張又害怕，用盡全力向著回家的方向奔跑。就在這時候，遠處傳來一陣陣熟悉的聲音：「小灰兔，小灰兔！」原來是小灰兔的爸媽看到天色已晚，小灰兔還沒有回家，就沿路來找小灰兔。看到小灰兔的爸媽，小白兔這才想到，自己出門時對媽媽說了謊，沒說要到森林來玩，所以媽媽不知道要來森林找小白兔。這時小白兔覺得好後悔，小白兔心想：「如果能讓我回到溫暖的家，我再也不會跟爸爸媽媽說謊了！」正當小灰兔的爸媽背起小灰兔要往回家的路上走去，小灰兔對著爸媽說：「爸爸，媽媽，我們也帶上小白兔吧！每一次小白兔的奶奶給胡蘿蔔的時候，小白兔都會分給我吃，既然小白兔這麼善良又懂得分享，我們也應該幫助他才對！」聽到小灰兔這麼說，小灰兔的爸媽點點頭，也背上了小白兔，一塊兒跑出森林，很快的就把小白兔送回家了。

這天晚上，小白兔做了一個夢，夢裡看見媽媽和奶奶帶了好多好多的胡蘿蔔來看小白兔，小白兔覺得自己特別幸福、特別快樂。在夢中，他依偎在媽媽和奶奶的身旁，對著她們說：「奶奶讓小白兔懂得分享，分享就是愛，奶奶是愛小白兔的；媽媽讓小白兔懂得學習，學習就是愛，媽媽是愛小白兔的。分享和學習都是愛，媽媽和奶奶也都

是愛，因為我們是一家人，所以我也愛你們。」小白兔被一家人的愛緊緊包圍著，睡得越來越溫暖，也睡得越來越舒服，等到明天早上醒來之後，小白兔會永遠記得分享和學習，也會每一天更愛著所有的家人。

愛的分享

「媽媽，我要吃霜淇淋！」「好啊，如果你把工作做完，就可以吃霜淇淋。」「不要！奶奶就會讓我吃，還會幫我拿！」「奶奶是疼你，可是媽媽這樣做也是想要你養成好習慣啊！」「不管啦！妳就是對我不好。」在忙碌的社會中，獨生子女及隔代教養的家庭特別多，往往會因為兩代的教育觀念不同，而讓孩子在適應上產生衝突情緒。碰到這樣的情況，可以使用這個故事。故事情節的起伏需要父母特別注意，以及結尾感情整合的部分，「奶奶讓小白兔懂得分享，分享就是愛……媽媽讓小白兔懂得學習，學習就是愛……我們是一家人，所以我也愛你們。」

3 手足間發生計較心時——山羊媽媽的煩惱

在山與山之間翠綠的草原，是許多動物的家。有一隻溫柔的山羊媽媽帶著聰明的山羊寶寶，也住在山裡的草原上，和其他動物一起快樂的生活著。山羊媽媽每天帶著山羊寶寶在草原上生活覓食、遊戲和學習，幸福快樂地生活著。因為山羊寶寶特別聰明，什麼事都學得既快又好，所以山羊媽媽也替山羊寶寶覺得驕傲。草原上有著豐富的食物，也沒有可怕的野狼，山羊媽媽還有一個聰明的孩子，看起來沒有什麼事情可煩惱的。是的，山羊媽媽覺得很美滿，只有一件事情讓她擔心，就是山羊寶寶什麼事情都要跟別人爭，不僅在學習成績上，連生活中也是一樣，山羊寶寶覺得什麼都是他的、什麼都要最好的，常常因為一些小事情爭得面紅耳赤、大發脾氣。

有一次，住在隔壁的小鹿妹妹來家裡玩的時候肚子餓，吃了幾口山羊寶寶的晚餐。為了家裡的青草被小鹿妹妹吃掉一些，山羊寶寶氣得跟小鹿妹妹大吵一架，用剛長出的角把小鹿妹妹給頂出家門，小鹿妹妹委屈地一邊哭、一邊說：「我再也不跟你玩了！」氣沖沖地跑回家。

還有一次，山羊奶奶從好遠的地方來看山羊寶寶，除了給山羊媽媽和山羊寶寶都帶了禮物，也順便給鄰居兔子弟弟準備了一份。平時山羊寶寶和兔子弟弟關係最好，整天在一起玩耍，可是看到奶奶幫兔子弟弟準備了禮物，山羊寶寶說什麼也不肯給人家。當奶奶把東西拿給兔子弟弟的時候，山羊寶寶又急又氣，對奶奶大聲說：「奶奶妳偏心，把我的東西拿給別人，那是我的，討厭！」讓山羊奶奶覺得好難過。山羊媽媽經常教導山羊寶寶要懂得謙讓，可是山羊寶寶總會說：「少吃兩口青草我會肚子餓，少一個禮物我會不滿足，我想要最多最好的，不對嗎？」聽到山羊寶寶的說法，山羊媽媽一時也無話可說，只能把這樣的煩惱放在心裡，希望山羊寶寶有一天能改變。

這一天，草原舉辦了一場越野競賽，選手要從草原的這一側穿過溪谷跑到草原的另一側，第一個到達目的地的能獲得草原飛毛腿的榮譽稱號。愛出鋒頭的山羊寶寶當然不會錯過這次機會，立刻報名，參加比賽。參加比賽的都是草原上身強力壯的動物，也包括小鹿妹妹和兔子弟弟，當所有動物都為比賽做好準備之後，老烏龜裁判爬上了出發線的大石頭上，大聲宣布：「比賽開始！」所有動物都向著草原的另一側跑了起來。山羊寶寶雖然不是個頭最大、跑得最快的，卻是最聰明的。山羊寶寶知道河谷上有一座獨木橋，如果從橋上過河，就能節省很多的時間，所以山羊寶寶並沒有跟著其他動物一起跑，而是直接往獨木橋的方向跑去。

很快的，山羊寶寶跑到了獨木橋頭，這時沒有其他動物跟上來，山羊寶寶得意的想著：「我就是這麼聰明，飛毛腿的稱號一定是我了！」正當山羊寶寶跑上獨木橋，橋的對面竟走來另一隻山羊，只是這隻山羊比山羊寶寶大得多，看來也不是參加越野比賽的選手。獨木橋是一棵折斷的大樹橫在河谷上架起來的，所以一次只能讓一隻動物從橋上走過。山羊寶寶眼看著對面的山羊也走上了獨木橋，過河的路被擋住了，如果這時候回頭，那就沒法得到比賽冠軍了，於是山羊寶寶大聲的喊叫：「喂，你在幹什麼呀！沒看到我要過橋嗎？趕快滾下去，不要擋住我的去路！」對面的山羊似乎沒有聽到山羊寶寶在說什麼，還是繼續往橋中間走。山羊寶寶急了，一邊繼續跑著，一邊繼續喊著：「不要擋住我的去路，趕快滾下橋去，不要擋路！」對面的山羊聽見了山羊寶寶的話，沒有往回頭走，卻加快腳步向橋中間跑去，很快的，山羊寶寶和對面來的那隻山羊在橋中央碰頭了。當山羊寶寶看清楚對面那隻山羊是鄰村的惡霸黑山羊時，已經來不及停下腳步。黑山羊一邊跑、一邊怒氣沖沖地說：「好小子，敢叫我滾？我倒要看看誰的角更厲害！」說時遲，那時快，黑山羊和山羊寶寶面對面碰上了，惡霸黑山羊用自己堅硬的羊角把山羊寶寶頂飛了起來，在空中轉了一圈，然後山羊寶寶就從獨木橋上掉到河谷的下面去了。

被惡霸黑山羊撞傷、又從獨木橋上跌落到河谷的山羊寶寶受了重傷，跑不動了，不能再參加越野比賽。受傷的山羊寶寶躺在河邊上無法動彈，只能不停地喊叫：「救命啊！救命啊！」這時候，參加比賽的小鹿妹妹和兔子弟弟剛好爬下河谷，正準備穿過小溪，聽到不遠處有人喊救命，就循著呼救的聲音找到了山羊寶寶。

看見受傷的山羊寶寶，小鹿妹妹和兔子弟弟不禁驚呼：「啊，這不是山羊寶寶嘛？你怎麼了，怎麼受了這麼重的傷？」山羊寶寶勉強睜開眼睛，看到了小鹿妹妹和兔子弟弟，虛弱地說：「我從橋上掉了下來，所以受傷了！」小鹿妹妹和兔子弟弟趕緊把山羊寶寶扶了起來說：「沒事了，靠在我們身上，我們把你背回家！」山羊寶寶想起之前趕走小鹿妹妹、不給兔子弟弟禮物的事情，有些不好意思地說：「你們不怪我嗎？當初我對你們那麼兇，今天你們為了幫我，還要放棄比賽，你們不怪我嗎？」小鹿妹妹和兔子弟弟笑著說：「這沒什麼，我們是朋友呀！」在小鹿妹妹和兔子弟弟的攙扶下，山羊寶寶回到了家，終於能夠安心的養傷了。

在山羊媽媽悉心的照顧下，山羊寶寶很快就恢復了健康。在家中養傷的那段日子，山羊媽媽和山羊寶寶說了很多很多的話，山羊寶寶說：「如果不是這一次參加越野比賽，被黑山羊從獨木橋上撞下河谷受了傷，我可能還不明白什麼對我才是最好的。有了全部的青草，有了所有的禮物，如果沒有朋友，也等於一無所有；不論有多少個第一、有多少個冠軍，如果沒有愛，生命也沒有意義。我因為一些青草把小鹿妹妹趕走，小鹿妹妹卻還是救了我；我把兔子弟弟的禮物據為己有，兔子弟弟卻還是救了我。他們做得比我更好，因為他們懂得愛！」躺在山羊媽媽的懷抱中，山羊寶寶覺得好舒服、好溫暖。山羊寶寶說著說著，眼皮覺得越來越重、越來越沈，馬上就要睡著了。慢慢的，山羊寶寶就在山羊媽媽的懷裡睡著了，心裡頭裝著滿滿的愛，舒舒服服地一覺到天明，等到明天醒來之後，山羊寶寶會帶著滿滿的愛，快樂幸福地過好每一天。

愛的分享

所有的EQ故事都會讓孩子學會從不同的角度看事情，而這樣的方式往往也是化解衝突的最好方法。「這是我的！這是我的！」「有什麼了不起，玩一下不行哦！」「玩具有這麼多，借給弟弟玩，快點！」「為什麼每一次都是我讓步，我不要！」孩子成長過程中最常見的衝突，應該就是兄弟姐妹或朋友同學之間，因為吃的玩的東西發生爭執。這一篇用山羊寶寶參加比賽發生的意外而編寫的故事，適用於生活學習中因為比較而產生衝突情緒的化解，可以是兄弟姐妹，也可以是同學朋友，當然也能防範衝突於未然，讓孩子從故事中理解朋友的重要性。

4 打破孩子內心的自卑感——牽牛花與向日葵

你知道有什麼事情代表寒冷的冬天過去、溫暖的春天降臨了嗎？當第一聲雷鳴劃破長空，送走冬天最後一絲寒意，春天就會用雨水來擁抱大地、用溫暖來喚醒萬物。雷聲和雨水像是叫喚孩子起床媽媽的手，輕輕柔柔地將躲藏在地底下過冬的種籽們喊醒：「春天來了，可以醒來看看這個美好的世界了！」那些在躲在泥土裡的種籽們紛紛卯足了勁兒，從土壤中吸收營養與滋潤，拚命地伸展枝葉，於是，原本光禿禿的土地開始冒出嫩綠的小芽兒。第一根新芽鑽出了土壤，然後又是另外一根，接著是第三根、第四根、第五根小芽，嫩嫩的、綠綠的。就這樣，一根小芽兒跟著另一根小芽兒，一根又一根，慢慢的，原本光禿禿的土地長滿了剛剛冒出的綠芽，變得一片綠油油的，充滿了春天的氣息。

在花園裡，也有一個小小的綠芽鑽出了土壤，原來這是一個小小牽牛花。小小牽牛花剛從地底下冒出頭來，就深深地吸了一口新鮮的空氣，很興奮地大喊：「春天的空氣真的好新鮮哦！」小小牽牛花四處望去，還有其他的小芽兒也剛剛長出來，爭先恐後地呼吸著春天的空氣，太陽在天空微笑地看著小小牽牛花，小鳥兒在樹梢哼著快樂的歌曲，一切都是這麼的美好，小小牽牛花覺得自己就是最幸福的牽牛花了。

然而，小小牽牛花漸漸地覺得自己不是最幸福的了，因為小小牽牛花發現在旁邊不遠的另一個小芽兒比自己長得高、長得壯。小小牽牛花記得自己最早從地裡冒出來，應該要長得比別人更高更壯才對，只是小小牽牛花現在的身體還是細細長長的，不像另一個小芽兒的身體那麼粗壯。

又過了一段時間，小小牽牛花的身體雖然長得更長了，卻依然還是細細的，而另一個小芽兒的個子已經長得跟籬笆一樣高了，葉子伸展開來幾乎可以遮住半個太陽。小小牽牛花開始覺得，那棵小芽兒長得這麼高、這麼壯，自己卻只能長得細細長長的。他才是最幸福的，漸漸地，小小牽牛開始討厭起自己的模樣。

後來，聽路過的小鳥說，那個長得特別高、特別壯的小芽兒叫作向日葵，是最高最大的花朵，小小牽牛花特別羨慕向日葵，下定決心要長得跟向日葵一樣高、開出一樣美麗的花朵。小小牽牛花想問向日葵究竟是用什麼方法，才能長得這麼高大。可是向日葵實在是太高了，而且向日葵每天只朝著太陽的方向望去，根本看不見生長在地上的小小牽牛花，怎麼辦呢？

小小牽牛花看見花園旁的籬笆好像跟向日葵一樣高，為了能讓向日葵看見自己，就鼓起勇氣和籬笆打商量：「籬笆哥哥，我想跟向日葵請教點事情，可是他長得太高了，能不能請你幫個忙，讓我從你身上爬上去？」籬笆點了點頭，答應了小小牽牛花的請求，於是小小牽牛花便從籬笆的縫隙中繞呀繞的往上爬去。為了答謝籬笆好心的幫助，小小牽牛花沒有忘記，在每一個從籬笆繞過的地方開一朵嫩紫色的牽牛花，當作籬笆的裝飾。就這樣，小小牽牛花一路爬呀爬，牽牛花一路開呀開，等到小小牽牛花爬到了籬笆的最上頭，整個籬笆上也開滿了美麗的牽牛花了。

當小小牽牛花爬到了籬笆的最上頭，這才發現向日葵早就長得比籬笆還要高了，整天望著太陽方向的向日葵還是看不見在籬笆上的小小牽牛花。怎麼辦呢？小小牽牛花看見了花園外面的大樹長得比向日葵還要高，為了能讓向日葵看見自己，就鼓起勇氣跟大樹打商量：「大樹伯伯，我想跟向日葵請教點事情，可是他長得太高了，能不能請你幫個忙，讓我從你身上爬上去？」大樹點了點頭，答應了小小牽牛花的請求，於是小小牽牛花便從大樹的枝幹上繞呀繞的往上爬去。為了答謝大樹好心的幫助，小小牽牛花沒有忘記，在每一個從樹幹繞過的地方開一朵嫩紫色的牽牛花，當作大樹的裝飾。就這樣，小小牽牛花一路爬呀爬，牽牛花一路開呀開，等到小小牽牛花爬到了大樹最靠近向日葵的地方，樹幹上也開滿了美麗的牽牛花了。

這時候，天空下起了雨，太陽被烏雲擋在身後，暫時不見蹤影，小小牽牛花使勁地開出一朵自己認為最美麗的牽牛花，在向日葵正好能看到的位置上，小小牽牛花希望自己的花朵能和向日葵的花兒一樣大、一樣美麗。不管小小牽牛花怎麼努力，牽牛花依舊開出紫色的花朵，還是跟向日葵鮮豔的金黃色不同。小小牽牛花失望透了，覺得自己再也沒有機會成為最幸福的牽牛花了。小小牽牛花好難過，一邊哭、一邊自言自語：「我一輩子都只能是牽牛花，我沒有辦法變成向日葵了，我再也沒有機會成為最幸福的花兒了！」

這句話被向日葵聽到了，因為烏雲遮住了太陽而慢慢地低下頭來，問小小牽牛花：「你說，你想要變成向日葵，是嗎？能告訴我你為什麼想要當向日葵呢？」小小牽牛花一直覺得長得高大的向日葵每天看著太陽，一定很驕傲，所以除了太陽之外不想跟其他人說話，當聽到向日葵這麼問自己，覺得有些意外。小小牽牛花怯生生地說：「嗯，是的，向日葵先生，我是小小牽牛花，我一直很羨慕你，能長得這麼高，又長得這麼大，尤其是金黃色的花朵又大又美麗，看你每一天都那麼熱情地看著太陽，我想太陽公公的笑臉一定只為了你而開心的，我覺得向日葵就是最幸福的花朵了，所以，我想變成向日葵。」

聽到小小牽牛花這麼說，向日葵有些不好意思地笑了，「謝謝你的讚美，牽牛花，其實你也是最幸福的牽牛花哦！」小小牽牛花不明白，為什麼向日葵會說自己是最幸福的呢？向日葵看出了小小牽牛花的疑惑，繼續跟小小牽牛花說：「雖然向日葵長得很高，卻只能開出一朵花兒；雖然向日葵金黃色的花兒顯得十分豔麗，但是卻不能讓所有人都欣賞到，那些常常來花園裡玩耍的小朋友，只能看見我綠色的葉子。不像你，牽牛花，紫色的牽牛花或許沒有向日葵的耀眼，卻讓所有的地方都開出了美麗的花朵，你看，你爬過的籬笆、大樹，不都開滿了美麗的牽牛花嗎？」

小小牽牛花回頭一看，真的跟向日葵說的一樣，一朵又一朵紫色的牽牛花在籬笆和大樹的枝幹上隨風起舞，好漂亮呢！向日葵接著說：「每天望著太陽的方向，讓別人覺得向日葵很高貴、很驕傲，可是向日葵只能孤單的看著太陽，不像你，牽牛花，你爬過的小草、繞過的籬笆、攀過的大樹都是你的朋友。雖然看著太陽讓向日葵的花朵顯得更耀眼，我們卻錯過了許多美麗的風景。聽路過的飛鳥說，每當雨後的晴空，在太陽對面的天空上總會有彩虹，七彩的顏色是全世界最美麗的風景，而這就是向日葵一輩子都沒有辦法欣賞的美景。」

聽到向日葵這麼說，小小牽牛花這才想起曾經看過好多次雨後的彩虹，那種美麗真的難以形容，原來向日葵一輩子都不能看見美麗的彩虹，那多可惜啊！這時候烏雲逐漸散去，太陽又露出了笑臉，向日葵一邊把頭轉向了太陽、一邊跟小小牽牛花告別：「我得走了，最幸福的牽牛花，我也好羨慕你，想去哪兒就能在哪兒開花！」是啊，從草地到籬笆，從籬笆到大樹，小小牽牛花現在長得跟向日葵一樣高了。小小牽牛花這才明白了，除了牽牛花不是向日葵之外，牽牛花也有這麼多優點，自己當然也是最幸福的牽牛花。

當陽光慢慢地從烏雲後露出笑臉，天空的另一頭果然出現了七色彩虹，彎彎地掛在白雲的兩端，把雨後的景色裝扮得更迷人了。小小牽牛花望著美麗的彩虹，覺得自己真的好幸福，雖然牽牛花永遠不能成為向日葵，然而牽牛花和向日葵各有各的優點，都是幸福的花兒。小小牽牛花對自己說：「向日葵有向日葵的幸福，牽牛花有牽牛花的幸福，只要肯定自己的優點，牽牛花和向日葵都是最幸福的花兒。」

在雨後晴空的陽光與彩虹的陪伴下，幸福的牽牛花覺得好輕鬆，慢慢地睡著了，小小牽牛花帶著自信和幸福的感覺很舒服地睡著了。明天起床之後，小小牽牛花會記得這樣的感覺，每一天都更自信，也更幸福的成長。

愛的分享

針對孩子所做的問卷調查顯示，孩子最不喜歡父母的行為就是拿自己跟別人比較。事實上我們真的很愛比較，從孩子的身高體重、穿著打扮，到考試成績，甚至是零用錢的多寡，都經常成為父母談論孩子的話題，「這次考第幾名呀？隔壁的小寶考得比你好吧？」「少吃點炸雞，再胖下去，女朋友都要被樓下的阿強追走了！」生活在競爭的現代社會，不停地比來比去，讓孩子變得越來越自卑，也逐漸喪失了自信心。如果孩子出現這樣的情況，父母就應該用這個故事和孩子溝通，讓孩子看到每個人都有不同的幸福，開始發現並且欣賞自己的優點。父母需要注意的是其中的對話：「向日葵有向日葵的幸福，牽牛花有牽牛花的幸福，只要肯定自己的優點，牽牛花和向日葵都是最幸福的花兒。」讓孩子在聽完故事之後，懂得用不同的角度看見每個人的優點。

5 讓孩子綻放出自信的笑臉——醜小鴨EQ版

你看過夏天的田野嗎？田裡的小麥都被太陽曬成金黃色的，已經收割的稻穀成束地堆在路邊，森林圍繞著農田和草原，森林的深處還有幾座藍色的湖泊，在湖邊上的草叢裡，鴨子媽媽正坐在巢裡孵蛋，一群小鴨子就快要出生了。

終於，蛋殼一個接著一個地裂開了，然後，第一隻可愛的小鴨子從蛋殼的裂縫中鑽了出來，接著又是另外一隻。就這樣，蛋殼一個接著一個地裂開，可愛的小鴨子也一隻接著一隻地從蛋殼中鑽出來。終於，幾乎所有的小鴨子都從蛋殼中鑽出來了，他們第一次看到這片美麗的田野，小鴨子異口同聲地說：「這個世界好大啊！」

正當鴨子媽媽仔細地檢查每一隻小鴨子的時候，發現還有一顆蛋，那一顆最大的蛋還沒有孵出小鴨子，於是鴨子媽媽坐回巢中，繼續照顧這一顆與眾不同的蛋。這時候，鴨子伯伯過來拜訪鴨子媽媽

說：「喂，小鴨子們都好嗎？」還在孵蛋的鴨子媽媽回答說：「所有的小鴨都是最完美的鴨子，他們長得很像鴨子爸爸。不過，還有一顆蛋慢了些，蛋殼現在還不裂開，讓我有些擔心……」鴨子伯伯說：「讓我看看那顆不會裂開的蛋，或許那是一顆孵不出小鴨子的蛋！我看過好多次這樣的事情，我想，那就是一顆孵不出小鴨子的蛋！鴨子媽媽，妳就不要浪費時間照顧他了，去教其他的小鴨子游泳吧！」

鴨子媽媽點點頭，對鴨子伯伯說：「謝謝你，我想他只是慢了一點，所以，我要繼續照顧他，等我的小鴨子破殼而出。」鴨子伯伯走了之後，不知道過了多久，這顆巨蛋終於裂開了，一隻小鴨子從蛋殼的裂縫中鑽出來，嚇了鴨子媽媽一跳，因為這隻小鴨子可真是大呀！

鴨子媽媽說：「這是一隻好大好大的小鴨子，跟其他的小鴨子不一樣，我會特別注意他，看看他是不是更需要我的幫助。」第二天，鴨子媽媽帶著一家人走到湖邊，鴨子媽媽跳入水中，「呱，呱！」她說，然後小鴨子們一隻接一隻地跳進湖裡，最後這隻好大好大的小鴨子也跳進湖裡，跟著其他的小鴨子一起游來游去，鴨子媽媽這下放心了，心裡想：「還好那隻好大好大的小鴨子沒有其他的毛病，是一隻健康的小鴨子。大一點有什麼不好呢？從好遠的地方就可以看到他了！」鴨子媽媽拍拍翅膀，對著所有小鴨子說：「呱，呱！現在跟著我，我帶你們去參觀這個世界，要一直靠近我，還要小心貓哦！」第一天就這樣過去了，一切都還順利。

然而，連鴨子媽媽都沒有注意到，事情變得越來越糟，因為這隻小鴨子與眾不同的長相，被其他的小鴨追逐和嘲笑，說他長得很醜。漸漸地，這隻小鴨子覺得很自卑、覺得很孤單，也覺得很難過，於是他決定離家出走。不久，小鴨子來到一片野鴨住的廣闊沼澤，小鴨子覺得既疲倦又難過，於是決定在這裡過夜。早上，住在沼澤的野鴨們飛來看他們的新朋友。這些野鴨對小鴨子說：「雖然你長得不是這麼好看，不過沒關係，你還是可以當我們的朋友。」

於是，小鴨子和野鴨做了朋友，過了幾天，有兩隻野雁從遠方飛了過來，就在那個時候，小鴨子聽到「砰！砰！」的聲音，這時獵人的槍響，然後，小鴨子就看見一隻好大的獵狗出現在他的身邊，離他好近好近，小鴨子覺得好害怕哦！那隻獵狗露出銳利的牙齒，繼續往前走，碰都沒有碰小鴨子一下，看著獵狗消失在草叢中，小鴨子嘆了一口氣說：「哦，謝謝老天爺！一定是因為我長得太難看了，所以連狗都不會咬我！」

對自己沒有信心的小鴨子悄悄地離開了野鴨，晚上來到一間小屋，這間小屋住著一位老婆婆和她的貓及母雞。老婆婆的視力不好，以為這隻小鴨子是一隻肥鴨，心想：「要是我有了鴨蛋，我就發財了。」所以老婆婆收留了小鴨子，住了一個星期，又一個星期，三個星期過去了，小鴨子都沒有下蛋。老婆婆的貓是這間房子的主人，而母雞是女主人，於是母雞問小鴨子說：「你究竟能不能下蛋呢？」小鴨子回答說：「不能，因為我還是個小鴨子。」聽到小鴨子這麼說，老婆婆的貓說：「那我們就不能收留你了，我們要得是會下蛋的鴨子，你還是走吧！到外面廣闊的世界去找自己的路。」於是，好不容易找到安身之處的小鴨子，又開始孤單寂寞地流浪了。

有一天晚上，太陽剛剛下山，這個時候有一群好漂亮的大鳥從矮樹叢飛出來。小鴨子心裡想：「我從來沒有看過這麼漂亮的鳥呢！」那一群鳥兒有長長的脖子，全身都是雪白色的羽毛。小鴨子不知道的是，這些美麗的鳥兒就是天鵝。

終於，寒冷的冬天來了，孤單的小鴨子一個人在湖水中游來游去，以免凍僵，就這樣游阿游、游啊游，不知道過了多久，太陽又開始溫暖地照耀著，雲雀在歌唱，美麗的春天又再度降臨了。小鴨子想要伸個懶腰，舉起了翅膀，小鴨子發現自己翅膀拍動的力量要比以前大，小鴨子發現自己長大了！小鴨子抬起頭環顧四周，發覺自己正在在一座巨大的花園裡，花園裡的蘋果樹開滿了花，紫丁香長長的枝椏垂掛在湖岸邊。這時候，小鴨子看到遠處三隻美麗的白天鵝向他游過來。

「如果我朝他們游過去的話，我想他們會不理我，甚至會咬我，因為我長得非常醜。不過沒有關係，我寧願被他們咬，這樣也比一個人孤孤單單的好。」於是小鴨子朝這些天鵝游過去，那些天鵝看到小鴨子就向他衝過來。「咬我吧！噢，咬我吧！」可憐的小鴨子一邊說、一邊朝著水中低頭，等待痛苦的來臨。但他在清澈的水中看到什麼樣了呢？原來小鴨子不再是隻黑灰醜陋的小鴨子，小鴨子變成了一隻天鵝！有些小孩手拿玉米和麵包來到這個花園，將這些東西投入水中。個子最小的那個孩子興高采烈地大叫：「有一隻新來的天鵝！」其他的孩子大叫：「對啊！來了一隻新天鵝。」

變成天鵝的小鴨子對著自己說：「如果不是鴨子媽媽耐心的照顧我，教我游泳，我就沒有機會健康的長大；如果不是我長得比較特別，也許獵狗就會把我咬死；如果貓和母雞沒有把我趕出小屋，我可能就不會回到湖裡，不會知道我原來是一隻美麗的天鵝！」

愛的分享

如果父母還不確定怎麼編寫自己的ＥＱ故事，修改現有的童話故事或寓言故事是不錯的替代方案。ＥＱ版的醜小鴨還是經歷了各種波折才變成美麗的天鵝，但是鴨子媽媽對它一視同仁的照顧，以及醜小鴨用樂觀的心態看待自己的成長經歷，都是更適合ＥＱ教育的內容。當然除了內容的調整之外，父母用一顆開放的心在睡前陪伴孩子，接納孩子的情緒，就很容易將所有的故事都變成高質量的ＥＱ故事了。

6 安撫孩子的焦躁不安——煩惱的向日葵

有一座美麗的花園，裡頭開滿了各式各樣的花朵，因為每一朵花都好鮮豔、好漂亮，所以大家每天都開開心心的，對著來採花蜜的蜜蜂打招呼：「嗨，早上好！」或是在微風中邊唱邊跳。這麼幸福的地方，應該每一朵花兒都很開心才對，可是其中就有一朵花兒心情不太好，她是誰呢？她就是向日葵妹妹。

剛開始是杜鵑花姐姐發現的，「嗯，你們有沒有發現，向日葵妹妹好像心情不太好喔！只要太陽不在的時候，她就低著頭，一句話都不說，好像很緊張、很害怕呢！」「害怕？不會吧！向日葵妹妹長得這麼高大、這麼健康，花的顏色又那麼美麗和鮮豔，她有什麼好害怕的呀？」牽牛花哥哥聽見杜鵑花姐姐這麼說，覺得很不可思議，就和杜鵑花姐姐聊了起來。杜鵑花姐姐想了想，對著牽牛花哥哥說：「我也覺得納悶，像向日葵妹妹這樣美麗又健康的花兒，應該整天都高高興興啊！我們就別在這兒瞎猜了，問問向日葵妹妹不就知道了嗎？」

於是，大夥兒就決定派牽牛花哥哥去問向日葵妹妹為什麼心情不好，牽牛花哥哥就爬呀爬呀，爬到了向日葵妹妹的身旁，抬起頭看著向日葵妹妹問：「向日葵妹妹！我聽杜鵑花姐姐說妳心情不好，看起來很緊張、很害怕，是嗎？」向日葵妹妹臉都不敢轉向牽牛花，還是面向太陽，稍微斜著眼看了下牽牛花說：「對……對啊！你們怎麼發現的？」牽牛花哥哥說：「聽杜鵑花姐姐說，只要太陽不見了，妳就會低著頭哪裡都不敢看，好像在擔心什麼……」「是啊！從我小的時候，太陽就陪在我身邊照顧我、愛我，太陽好溫暖、好明亮，讓我覺得好幸福、好安全喔！每一次太陽不見了，我就覺得好害怕、好緊張，我擔心有一天太陽不見了，再也不愛我了，如果這樣，我……我該怎麼辦呢！」向日葵妹妹說著說著就快要哭起來了，讓牽牛花哥哥也覺得好緊張、好難過。

牽牛花哥哥這才明白了，原來長得高大健康的向日葵妹妹擔心太

陽會不見了，所以每天都要跟著太陽轉，太陽不見了就會害怕緊張。牽牛花哥哥抖了抖身上的露水，一副學究的樣子對向日葵妹妹說：「嗯，看來他們派我過來是找對人啦！向日葵妹妹，你知道太陽下山之後，天空還有什麼東西嗎？」向日葵妹妹搖搖頭：「我……我不知道，太陽不在的時候，我根本不敢抬頭看……」「天空有好多星星，還有一顆好大好明亮的月亮喔！妳知道月亮為什麼會發光嗎？」還沒等向日葵妹妹回答，牽牛花哥哥又接著說：「月亮是反射太陽的光芒才會這麼明亮的，因為太陽還有其他的事情要照顧，所以晚上就拜託月亮來幫忙。」聽到牽牛花哥哥這麼說，向日葵妹妹自言自語了起來：「原來太陽沒有丟下我不管，太陽還請月亮在夜裡照顧我……」「是啊！而且妳長那麼大了，太陽有哪一天沒有起來照顧妳，保護妳呢？」

被牽牛花哥哥這麼一問，向日葵妹妹才仔細回想，好像太陽真的沒有一天不起來照顧自己。向日葵妹妹有些明白了，同時還有些擔心，「可是，有些時候下雨，也見不到太陽呢？」牽牛花哥哥知道向日葵妹妹要問這個問題，覺得有些驕傲：「哎呀，讓我來告訴妳吧！下雨的時候太陽也沒有離開，太陽躲在烏雲的後面等待著，因為烏雲也是太陽帶來照顧妳的，太陽用自己的光和熱把河裡的水邀請到天上形成烏雲，然後再把清澈的水降在妳的身上，讓妳不再口渴。雖然有些時候妳看不到太陽，太陽對妳的愛可是無處不在喔！」

經過牽牛花哥哥的說明，向日葵妹妹總算明白了，向日葵妹妹不再緊張害怕，開始跟花園裡其他的花兒一起每天開開心心地唱歌跳舞。向日葵妹妹對自己說：「有時候太陽有自己的事情，有時候我看不到太陽，但我知道太陽的愛隨時都在，月亮是愛的一部分，烏雲是愛的一部分，下雨也是愛的一部分，我隨時都擁有太陽的愛。同時，我還有杜鵑花姐姐、牽牛花哥哥這麼多好朋友的陪伴，我再也不會害怕和擔心了！」

這天晚上開始，向日葵妹妹再也不覺得孤單，再也不覺得害怕了，因為太陽不在的時候，還有月亮、小雨和好多的花兒陪伴向日葵妹妹，向日葵妹妹覺得好溫暖、覺得好安心，在溫柔的月光陪伴下慢慢的低下頭，把這麼多的愛放在心了，慢慢的睡著了。明天太陽爬上山頭，向日葵妹妹會很有精神地醒來，勇敢快樂地過好每一天。

愛的分享

這個故事主要用來處理孩子分離焦慮的情緒，可能不少父母都碰到和我小時候一樣黏人的孩子，怎麼樣都不願意離開父母身邊。由於分離焦慮還涉及父母其他教養的風格，ＥＱ故事也許不能完全化解孩子這方面的情緒狀況，所以請父母除了用ＥＱ故事陪伴孩子之外，也要在日常生活中讓孩子感受到父母像太陽照顧向日葵一樣無處不在的愛，才能協助孩子勇敢走出分離焦慮的情緒。

7 培養孩子的感恩心情——小灰熊的鮭魚

在一條長長的小溪穿過的森林裡，住著一隻健康快樂的小灰熊，小灰熊在媽媽的保護下，從早到晚都無憂無慮地遊戲玩耍。對小灰熊來說，森林的每一個角落都是遊樂場，有些時候小灰熊爬到魁梧的老樹上看風景，有些時候小灰熊跑在寬闊的草地上追蝴蝶，因為每天都能快快樂樂的生活，所以小灰熊覺得遊戲玩耍一定就是生活的全部。

當然小灰熊也有肚子餓的時候，當小灰熊在小溪旁覺得肚子餓的時候，媽媽總會抓好多鮭魚在小灰熊的身邊，讓小灰熊盡情地吃飽。小灰熊最喜歡吃鮮美的鮭魚了，每次都拚命的吃，卻覺得那些鮭魚怎麼吃都吃不完，所以小灰熊總是把鮭魚最好的部分吃掉，把剩下的丟在一旁，就開始繼續遊戲玩耍了；當小灰熊在樹林裡覺得肚子餓的時候，媽媽總會找好多蜂蜜在小灰熊的身邊，讓小灰熊盡情地吃飽。小灰熊最喜歡吃香甜的蜂蜜了，每次都拚命的吃，卻覺得那些蜂蜜永遠都吃不完，所以小灰熊總是把蜂蜜最好的部分吃掉，把剩下的丟在一旁，就開始繼續遊戲玩耍了。就這樣玩累了吃、吃飽了玩，小灰熊一天一天快樂健康地成長，一天一天越長越大，一天一天越吃越多，因為小灰熊還是有吃不完的鮭魚和蜂蜜，所以小灰熊依然只吃最好的部分，把剩下的丟在一邊，小灰熊可不想讓吃飯耽誤了遊戲玩耍的時間。

漸漸地，小灰熊覺得自己長大了，想要自己到森林裡闖一闖，趁著媽媽不注意，自個兒就往森林的另一頭跑去。小灰熊沒有到過森林的這一頭，覺得很新奇，東奔西跑地到處欣賞，沒一會兒工夫，小灰熊就覺得肚子餓了。小灰熊知道森林裡有蜂蜜，看過媽媽帶著香甜的蜂蜜從樹上下來，既然媽媽能拿這麼多蜂蜜，小灰熊覺得找蜂蜜一定很容易，於是小灰熊抬起頭來往每一棵樹上張望，果然在一棵大樹上看見了一個蜂窩，小灰熊很興奮，便三步併五步地爬上大樹，準備從蜂窩中拿蜂蜜。

當小灰熊剛剛靠近，蜂窩裡突然飛出好多好多的蜜蜂，朝著小灰熊猛烈的攻擊，雙手雙腳都抱住樹幹的小灰熊無處可躲，只能一邊被蜜蜂螫、一邊朝樹下爬去。等到小灰熊回到了地面，蜜蜂們還不放過小灰熊，一直把小灰熊追到了溪水邊才甘休。小灰熊不但沒有吃到蜂蜜，還被蜜蜂螫得滿身是傷，又癢又疼，覺得好灰心、好難過，這時候小灰熊嘆了一口氣，自言自語地說：「我現在才知道，原來拿蜂蜜是這麼辛苦啊！」

被蜜蜂追到河邊的小灰熊依然饑腸轆轆，小灰熊知道溪邊有鮭魚，看過媽媽抓著鮮美的鮭魚從溪裡上來，既然媽媽能抓這麼多鮭魚，小灰熊覺得抓鮭魚一定比拿蜂蜜要簡單得多，於是小灰熊開始沿著溪水前進，尋找鮮美的鮭魚。不一會兒的工夫，小灰熊真的在溪邊的石堆旁發現了好多鮭魚，正打算大快朵頤，突然從身後傳來一聲狂吼：「不要臉的小偷，竟敢偷吃我辛辛苦苦抓來的鮭魚！」小灰熊回頭一看，從溪裡跑過來一隻憤怒的大灰熊，體型比媽媽還要大許多，小灰熊嚇了一大跳，顧不得就要到口的鮭魚，拔腿就跑。憤怒的大灰熊把小灰熊追出了好遠的距離，一直到小灰熊確定大灰熊已經消失不見了，小灰熊才敢停下腳步，趴在石頭上喘氣。小灰熊這時候心有餘悸地喘著氣，自言自語地說：「我現在才知道，原來河邊上的鮭魚不是自己跳上來，而是被熊抓上來的！」

大灰熊不見了，小灰熊也不再緊張害怕，這時候覺得饑餓難耐，小灰熊打算自己去溪裡抓鮭魚。小灰熊心想，既然大灰熊能從溪裡抓這麼多鮭魚上來，抓鮭魚一定很輕鬆。小灰熊走進小溪中，低頭一看，果然整條溪裡都是正在逆流而上的鮭魚，有一些還從小灰熊的爪子旁游過，饑腸轆轆的小灰熊樂壞了，心想馬上就能飽餐一頓，於是張開爪子就往水裡揮去。小灰熊沒想到，鮭魚全身都是這麼光滑，小灰熊的爪子就算碰到了鮭魚，卻沒有辦法抓住，小灰熊想既然抓不住，那總可以用咬的吧？於是小灰熊把嘴埋進了溪水裡，準備用牙齒咬住鮭魚，這下可讓小灰熊吃到苦頭，小灰熊在水裡根本張不開眼，只能亂咬一通，結果一條鮭魚都沒咬到，還喝了不少的水。

幾次失敗的嘗試，不但魚沒抓到，體力也快用盡了，小灰熊覺得好灰心、好難過，這麼努力竟然連一條鮭魚都沒抓到。最後，小灰熊總算明白可以用爪子將鮭魚拍打到岸上，這樣鮭魚就再也跑不掉了，於是小灰熊開始用爪子拍打從身旁游過的鮭魚。這是小灰熊第一次抓鮭魚，所以不是每一次都能拍對方向，有些時候沒有碰到鮭魚，有些時候雖然碰到鮭魚，卻用錯了力氣和方向，將就要到手的鮭魚拍到了溪水的更深處。就這樣折騰了半天，小灰熊餓到再也動不了了，走向岸邊。經過這麼長的時間，小灰熊總算沒有空手而回，抓到了三條活蹦亂跳的鮭魚，小灰熊看著鮭魚，自言自語地說：「我現在才知道，原來抓鮭魚是這麼辛苦啊！」

餓壞了的小灰熊抓起地上的鮭魚，狼吞虎嚥地就把鮭魚最好吃的部分吞進了肚子，三條鮭魚對於小灰熊來說只能勉強填飽肚子，望著剩下的鮭魚，原本挑食的小灰熊決定嘗試把剩下的部分全部吃完。

當小灰熊把從來不吃鮭魚的那些部分吃得一乾二淨之後，小灰熊才發現：「原來整條鮭魚都是一樣好吃呢！我以後再也不挑食了。」填飽肚子的小灰熊恢復了力氣，開始往家的路上趕。回到家，媽媽正準備了蜂蜜等著小灰熊。當小灰熊準備享受蜂蜜香甜的滋味時，小灰熊看到媽媽身上也有著跟自己一樣的傷痕，這是小灰熊從來沒有注意的，小灰熊突然明白那些香甜的蜂蜜、鮮美的鮭魚，都是媽媽辛辛苦苦為小灰熊準備的。

於是小灰熊一五一十地將今天發生的經過說給媽媽聽，然後小灰熊問媽媽：「媽媽，為什麼我採不到蜂蜜、抓不到鮭魚呢？」媽媽溫柔地回答小灰熊：「採不到蜂蜜、抓不到鮭魚，小灰熊心裡有什麼感覺呢？」小灰熊想了一下，回答媽媽說：「我覺得很灰心、很難過，看起來這麼簡單的事情都做不好，我一定很笨！」媽媽拍了拍小灰熊說：「小灰熊一點都不笨，媽媽第一次採蜂蜜、抓鮭魚的時候，也跟小灰熊一樣什麼都抓不到，覺得灰心難過是很正常的，只要小灰熊

HONEY

繼續練習，只要小灰熊慢慢長大，總有一天小灰熊會做得比媽媽更好！」小灰熊點點頭，接著問媽媽：「那……以前那些剩下的鮭魚和蜂蜜都到哪裡去了呢？」媽媽笑著回答：「小灰熊，你覺得那些剩下的鮭魚和蜂蜜到哪裡去了呢？」小灰熊說：「我知道，那些剩下的鮭魚和蜂蜜是媽媽吃了，媽媽照顧小灰熊一定很辛苦。媽媽在樹上採蜂蜜、在溪裡抓鮭魚，把最好的留給小灰熊，因為媽媽懂得愛，愛就是把最好的留給家人。

所以，小灰熊知道採蜂蜜是辛苦的、抓鮭魚是辛苦的，小灰熊懂得這些辛苦就是愛的一部分，而蜂蜜和鮭魚是為了讓小灰熊健康快樂的成長，所以在懂得感激媽媽的同時，小灰熊會每一天更健康快樂的成長，因為小灰熊懂得健康快樂和感激都是愛的一部分，小灰熊和媽媽都是因為愛而成為一家人。」小灰熊緊緊地依偎在媽媽的身邊，感覺到媽媽愛的溫暖，覺得好輕鬆、好舒服，慢慢地小灰熊在愛的溫暖包圍下睡覺了，把健康、快樂和感激放進心裡，明天起床後，小灰熊會每天更健康、更快樂、同時會更懂得感激的成長。

愛的分享

「媽媽，過來！」「爸爸，我要這個！」「外婆，幫我穿衣服！」有些時候孩子就像家裡頭的總司令一樣，使喚著別人做自己本來可以做好的事情，而且連一聲謝謝都不說，當然天下父母都願意為孩子做牛做馬，但是完全不懂得感恩的孩子還是令人傷透腦筋。這是一篇用小灰熊覓食過程的辛苦而編寫的EQ故事，適用於孩子對父母生活上的照顧缺乏感激的情緒調整，當然，還是要提醒父母，在情節起伏的描述上加把勁，就能讓這個故事更有效果。

8 增加對環境的適應力——學哥哥飛翔的小鳥妹妹

一個陽光明媚的日子，在一棵生長了茂密枝葉的大樹上，傳來了一陣陣鳥兒吱吱喳喳的談話聲。鳥爸爸不停地在大樹周圍盤旋，對著鳥巢裡的鳥媽媽問：「怎麼樣了？孵出來了嗎？」鳥媽媽一臉喜悅地回答：「親愛的，孵出來了，一男一女，是一對兄妹呢！」原來今天小鳥一家有了喜事，經過鳥媽媽和鳥爸爸細心的照顧，大樹上鳥窩裡的小鳥總算破殼而出，第一個從蛋殼中探出頭來的是小鳥哥哥，沒過一會兒，小鳥妹妹也從蛋殼裡鑽了出來，原本住著鳥爸爸和鳥媽媽的鳥巢裡，一下子多了兩隻小鳥，顯得特別開心熱鬧。鳥爸爸聽說了小鳥哥哥和小鳥妹妹出生的消息，高興地邊飛邊唱著：「我做爸爸了！我做爸爸了！」彷彿要跟全世界分享自己的喜悅。

在鳥爸爸和鳥媽媽無微不至的照顧下，小鳥哥哥和小鳥妹妹一天一天快樂健康地成長，早一點出生的小鳥哥哥體型比晚一些出生的小鳥妹妹強壯，也更勇敢一些。小鳥哥哥的願望是有一天能像鳥爸爸一樣，在天空自由自在的飛翔；而比較柔弱的小鳥妹妹性格溫馴，希望能一直留在家裡，有爸爸媽媽的保護，讓小鳥妹妹覺得更安全。有一天，小鳥哥哥和小鳥妹妹都褪去了稚嫩的雛毛，長出跟爸爸媽媽一樣的飛行羽毛，鳥爸爸和鳥媽媽知道是時候教他們飛翔了，於是鳥爸爸在前面帶頭，慢慢地走出鳥巢，站在最高的樹枝上，回頭說：「孩子們，現在爸爸要教你們飛翔了，來！跟著我，迎著風張開翅膀。」

等這一天已經等了很久的小鳥哥哥特別興奮，緊跟在鳥爸爸的身後，張開自己翅膀。「哇，好刺激哦！風從我的翅膀和羽毛之間吹過，好像立刻就要飛起來了！」當小鳥哥哥迫不及待地想要展翅高飛的時候，小鳥妹妹還躲在鳥巢裡不敢出來，陪伴在小鳥妹妹身邊的鳥媽媽拍了拍小鳥妹妹說：「孩子，怎麼還在窩裡呢？妳不想學習飛翔嗎？」小鳥妹妹在媽媽的鼓勵下，戰戰兢兢地跨出了鳥巢，往下一看，原來鳥巢離地面這麼遠！小鳥妹妹嚇壞了，跌回了鳥巢，躲在媽

媽的身邊說：「媽，我好害怕哦！我不想學習飛翔了。」鳥媽媽看著發抖的鳥妹妹，也覺得很心疼，就對著小鳥妹妹說：「好吧！今天妳先看著爸爸和哥哥飛，等妳準備好了，再跟我一起學，好嗎？」

等到小鳥哥哥和鳥爸爸做完練習回到鳥巢，小鳥哥哥掩不住興奮地跟小鳥妹妹說出心裡的感覺，「飛行真的太棒了，覺得無拘無束，再也不用整天蹲在狹窄的鳥巢裡了！對了，妳今天怎麼沒有練習啊？」小鳥妹妹搖搖頭說：「我一點都不覺得這個窩狹窄了，爸媽把鳥巢建在這麼高的樹枝上，要是一不小心從鳥巢裡掉下去，那可多危險，我寧願一輩子在這裡，也不要學飛行！」小鳥哥哥不明白小鳥妹妹為什麼害怕，想鼓勵小鳥妹妹：「在天上飛的感覺真的很好，妳應該試試看的，況且，如果不會飛，我們上哪兒找吃的呀！」小鳥妹妹沒好氣地對著小鳥哥哥說：「只要我一直留在家裡，爸媽會永遠照顧我的！我不管，我就是害怕，我不要學習飛翔！」

之後的幾天裡，小鳥哥哥依舊跟著鳥爸爸學習，一天比一天越飛越高，也越飛越遠，而小鳥妹妹還是不敢踏出鳥巢一步，躲在鳥媽媽身後看著鳥爸爸和小鳥哥哥飛行的模樣。小鳥哥哥雖然剛剛學會飛翔，就已經飛得很高很遠了，海闊天空的飛行滋味讓小鳥哥哥覺得自己真的跟鳥爸爸一樣強壯了，所以一次比一次飛得更高更遠，直到鳥爸爸從身後追趕上來，領著小鳥哥哥回家，小鳥哥哥才願意停止練習。回到了家，小鳥爸爸對著小鳥哥哥說：「你很強壯也很勇敢，但是你還沒學會避開危險，下次沒有我的帶領，我不允許你一個人飛！」轉過頭，小鳥爸爸對著小鳥妹妹說：「妳很溫柔也很可愛，但是妳也還沒學會避開危險，下一次不可以躲在窩裡，一定要學會飛翔！」這是爸爸第一次用這麼嚴肅的口吻對孩子說話，小鳥哥哥和小鳥妹妹都嚇了一跳，心裡同時想著：「爸爸這麼兇，難道是不喜歡我們了嗎？」

隔天，趁著鳥爸爸和鳥媽媽外出覓食，小鳥哥哥決定不管鳥爸爸的叮嚀，自己偷偷地練習飛行。小鳥哥哥登上樹梢，迎著一陣風，就展開了翅膀朝著藍天飛去，那種無拘無束的感覺湧上心頭，小鳥哥哥覺得棒透了。原本只打算繞著大樹的練習變成了登高遠望，小鳥哥哥越飛越高，大樹也變得越來越小，正當小鳥哥哥享受著自由飛翔的快樂時，突然一陣黑影從小鳥哥哥身後竄了出來，一隻比小鳥哥哥大好多好多的鳥伸出利爪，差一點就把小鳥哥哥抓個正著。雖然那隻大鳥沒有抓到，小鳥哥哥翅膀上的羽毛卻讓那隻大鳥給抓傷了，小鳥哥哥控制不住方向，開始往下墜落。小鳥哥哥拚命地揮動翅膀，試著控制住方向，就在小鳥哥哥稍微穩住身體，打算盤旋降落的時候，那隻黑色的大鳥又朝著小鳥哥哥的方向飛過來，小鳥哥哥顧不得速度和方向，只能讓自己用最快的速度躲開大鳥的攻擊，回到樹上的鳥巢裡。

經過幾次的掙扎和躲避，好不容易回到大樹的小鳥哥哥還來不及躲回鳥巢，就又讓那一隻大鳥發現了行蹤，從高空向著小鳥哥哥的方向飛來。小鳥哥哥無處可藏，只能再往大樹枝葉茂密的地方躲藏，哪裡知道那隻大鳥竟然停在了樹枝上，沒有跟著小鳥哥哥的方向過來，原來是大鳥看到了小鳥妹妹，正一步一跳地朝著鳥巢的方向走去。小鳥妹妹雖然沒見過大鳥，但是看到剛才小鳥哥哥被攻擊的模樣，知道大鳥肯定不懷好意，只是小鳥妹妹從來沒有離開過鳥巢，也不會飛翔，只能躲在鳥巢裡，大聲的喊叫：「爸爸，媽媽，救命啊！」

眼看著大鳥離鳥巢越來越近，小鳥妹妹的狀況危在旦夕。外出覓食的鳥爸爸和鳥媽媽回來了，聽見小鳥妹妹的呼救，鳥爸爸不顧自身的安危，用盡全身的力量向大鳥衝撞，把大鳥撞得暈頭轉向，再也不能在樹枝上站住腳，於是大鳥飛向空中，打算教訓鳥爸爸。這時鳥媽媽跟鳥爸爸一前一後地在大鳥身邊快速的飛過，讓大鳥分不清究竟要往前追，還是該往後看，就這樣周旋了好一段時間，大鳥終於放棄了追逐，朝著遠方飛去。疲憊的鳥爸爸和鳥媽媽趕緊回到大樹，將受傷的小鳥哥哥帶回鳥巢。看到小鳥哥哥和小鳥妹妹都沒有大礙，鳥爸爸和鳥媽媽這才放心了。

這時候，鳥媽媽對著小鳥們說：「現在明白爸爸媽媽的愛了嗎？

在天空飛翔有自由的部分，同時也有危險的部分；爸爸媽媽的保護是自然的，同時也有自己面對的生活。爸爸媽媽照顧你，是為了愛；而不讓你飛得遠，要求你不害怕，這些也是為了愛。當你學會怎麼照顧自己，就是用自己的方式愛爸爸媽媽。」

愛的分享

「你發現了嗎？好像老大比較聰明，老二比較聽話哦！」「嗯，不過小的功課一直比較好，哥哥總是想要打球不想看書……」夫妻之間這樣的對話很常見，尤其是不止一個孩子生活在一起，大人總是習慣性地將孩子們作比較、弄排行，但孩子最不喜歡父母拿自己跟別人比了，所以父母不經意的比較很容易讓孩子有情緒。這是一篇小鳥成長過程中個性差異、面臨不同的成長困擾而編寫的EQ故事，適用於面對生活困擾產生不適應反映孩子的情緒調整，同時也具有接受差異的暗示。

9 加強孩子的守時觀念——老說等一下的小猴子

有一個聰明可愛的小猴子，朋友們都叫他「等一下」，因為不管發生多麼緊急的事，他總會滿不在乎地說：「等一下！」小猴子有一個幸福美滿的家庭，以及一對慈祥溫柔的爸媽。每天早上，猴子爸爸想教小猴子爬樹，就會對著還在睡懶覺的小猴子說：「小猴子，起床啦！我們去爬樹吧！」還在睡覺的小猴子不想起床，眼睛都沒有張開就回答：「等一下！」然後翻個身繼續睡懶覺，因為小猴子知道爸爸一定會等他起床的。

每天猴子媽媽準備好豐盛的食物，對著還在玩耍的小猴子說：「小猴子，回家啦！我們要吃飯了！」還在遊戲的小猴子忙著玩耍，頭都不回就回答：「等一下！」然後轉個身繼續玩遊戲，因為小猴子知道媽媽一定會等他回家的。有時爸爸媽媽也會跟小猴子說：「小猴子啊！你什麼事情都要等一下、等一下的，這樣會錯過很多美好的事

情哦！」聽到爸爸媽媽這樣說，小猴子覺得很煩，想起爸爸總是要自己快點起床，想起媽媽總是要自己快吃飯，小猴子心裡想：「爸爸媽媽這樣批評我、不理解我，一定是爸爸媽媽不愛我了！」小猴子覺得好傷心、好生氣，決定自己一個人跑出去，再也不想見到爸爸媽媽了。

這一天，小猴子起得很早，趁著爸爸媽媽還在睡覺的時候，偷偷地從家裡跑了出去。以前小猴子玩遊戲、練爬樹的時候，認識了其他的小猴子，這一天，偷偷離家的小猴子決定去找這群猴子朋友，這樣就可以整天玩耍，再也不會被爸爸媽媽批評了。小猴子在樹林的角落找到了這群猴子朋友，便加入了他們的遊戲，開始不停的玩耍。不知道過了多久，其中一個猴子突然發現了什麼，很興奮地指著前方大喊：「快看啊！那兒有好多香蕉哦！我們去大吃一頓吧！」所有的猴子聽到有香蕉吃，都飛也似地奔向了前方，只有小猴子還留在原地，一邊繼續玩著遊戲、一邊說著：「等一下！」不知道這句「等一下」

是說給自己聽的呢？還是說給別的猴子聽的？

等到小猴子玩夠了，跑到原來長滿香蕉的樹林時，才發現所有的香蕉都讓其他的猴子吃完了，這時小猴子著急了，大聲地喊：「我的香蕉呢？」其他的猴子都停了下來，看了看小猴子，然後一邊笑、一邊把吃剩下的香蕉皮丟到小猴子的身上說：「這些都給你！」小猴子覺得很生氣，也覺得不明白，為什麼沒有人幫自己準備食物？又好氣又好餓的小猴子望著空蕩蕩的香蕉樹，正想放棄的時候，突然，在遠處的一棵樹上，看見還有幾根香蕉掛在那裡，沒有被別的猴子吃掉。飢腸轆轆的小猴子迫不及待地跑向那兒，跳上香蕉樹，狼吞虎嚥地把剩下的香蕉塞進嘴裡。這時候，其他的猴子吃飽了、玩累了，帶頭的猴子就對大家說：「咱們今天吃飽了、玩夠了，現在我們回家吧！」然後，所有的猴子都大喊了一聲「好」，便往回家的路上奔去，只有小猴子還在吃香蕉。

小猴子一邊吞著香蕉、一邊勉強地說：「等……等一下！」不知道這句「等一下」是說給自己聽，還是說給別的猴子聽的呢？等到小猴子吃飽了，抬頭一看，糟了！所有的猴子都回家了，只剩下小猴子孤零零地在樹林裡。這時天快要黑了，回家的路已經看不清楚，小猴子覺得很害怕，也不明白，為什麼沒有人留下來等自己？小猴子驚慌失措地往來的方向跑去，卻不知道哪一條路才是回家的路，小猴子越跑越擔心、越跑越害怕。就在小猴子快要迷失在越來越暗的樹林之際，聽見了熟悉的聲音：「小猴子！小猴子！小猴子！」這是爸爸媽媽的聲音！小猴子又驚又喜，急忙大聲喊著：「爸爸，媽媽，快來救我，我在這裡！」

循著聲音的方向，爸爸媽媽在天黑之前找到了小猴子，把小猴子帶回了溫暖的家。回到家，媽媽準備了豐盛的食物，溫柔地對著小猴子說：「我們吃飯吧！」小猴子毫不遲疑地回答：「是的，媽媽，謝謝妳，我們吃飯吧！」吃飽了之後，爸爸整理了柔軟的床鋪，親切地對著小猴子說：「我們睡覺吧！」小猴子毫不遲疑地回答：「是的，爸爸，謝謝你，我們睡覺吧！」

爸爸媽媽覺得很驚訝，小猴子再也不說等一下了。小猴子跟爸爸媽媽一起躺在床上，把自己的改變告訴了爸爸媽媽：「以前我不明白爸爸媽媽對我的愛，所以遇到什麼事情都要說等一下，以為爸爸媽媽的提醒是批評，所以錯過了好多好多的愛。現在我明白等待是爸爸媽媽的愛，提醒也是爸爸媽媽的愛，我會接受提醒，不會再錯過爸爸媽媽的愛！」在爸爸媽媽愛的圍繞下，小猴子覺得很幸福、很快樂，慢慢地覺得好舒服，想要睡著了。小猴子會在被愛包圍的感覺中睡著，做一個幸福快樂的美夢，在明天早上醒來的時候，會記得接受提醒，不會錯過爸爸媽媽的愛，也會把愛的感覺放在心裡，每天更幸福快樂地生活。

愛的分享

不只是孩子，有些時候我們也有「等一下」這個口頭禪，當我們對身邊的人說「等一下」的時候，是不是在心裡覺得對方在催促自己，是對方不夠體諒自己呢？或許透過等一下我們，為自己爭取了多一點的時間，做一些我們覺得重要的事情，卻忘了可能錯過的是愛的交流。這是一篇透過一隻總愛說等一下的小猴子而編寫的ＥＱ故事，適用於孩子對父母教養的牴觸情緒，同時調整孩子更好的時間觀念，記得當故事裡的小猴子緊張害怕的時候，父母可以在情緒上強調一些，會讓這個故事更鮮活。

10 教導孩子培養耐性與高EQ——聰明火車與老司機

有一輛好聰明的火車，在一座城市與另一座城市之間的鐵路線上，為來往兩地的旅客服務。不論時間是白天黑夜，也不管路程是崎嶇起伏，火車都能想辦法解決問題，把旅客平安地送到目的地，因此，認識這輛火車的人都知道，這是個聰明的火車。

聰明的火車能夠每天在鐵路上奔馳，火車司機也是功不可沒。火車司機除了在火車前進時，告訴火車正確的方向和速度外，火車進站休息時，還要忙著給火車補充燃料、維修器件及打掃清潔。就是因為有了火車司機，火車每天都能受到旅客的喜愛，並且能平平安安的完成任務。

火車很喜歡跟火車司機一起接送旅客，因為這樣不但有成就感，同時也能沿路欣賞美麗的風景。只是一段時間下來，每天經過同樣的地方，看見相同的景色，火車開始覺得無聊、覺得累了。於是，火車便對火車司機說：「每天都做一樣的事情、看一樣的風景，我覺得好無聊喔！我不想接送乘客了，我想要休息！」聽見火車的抱怨，火車司機用手溫柔地拍了拍火車說：「真的每天都一樣嗎？你仔細看一看，是不是有些地方不同呢？」聽到火車司機這麼說，火車覺得有點生氣，吐出一口白煙，不耐煩的對火車司機說：「有什麼不同？我看都是一樣的！每天讓我做一樣的事情，煩不煩啊！我不要做了，我要休息！」不管火車司機怎麼對火車說，火車還是決定從今天起開始休息，再也不跑了。

這一天，急著趕往目的地的旅客都在車站等著聰明的火車進站，可是左等右等就是看不到聰明的火車的影子。等不及的旅客開始抱怨，要求車站趕快派火車來接送他們，於是車站只好派出另一輛火車，來接送那些急著趕往目的地的旅客。

決定休息的火車停在車站裡，覺得好舒服喔！聰明的火車心裡想著：「不用接送旅客，也不用在路上奔波，這樣的感覺太棒了！」火車懶洋洋地停在車站裡，什麼事情都不想做，卻見到火車司機依然一如往常的在幫火車維修零件、打掃清潔，偶爾還發動火車，讓引擎運轉。聰明的火車不明白火車司機在做什麼，就問：「現在不是在休息嗎？你還在那裡忙什麼呢？」火車司機一邊做、一邊說：「休息是為了再出發，對嗎？」火車不太明白火車司機的意思，卻也沒再多問，反正自己可以休息了，別人愛忙就讓他去吧！

火車在車站裡休息了好長一段時間，漸漸地又開始覺得無聊了，聰明的火車開始想念路旁的花草和旅客的笑容，聰明的火車想要回到鐵路上接送旅客，於是問火車司機：「我們回到鐵路上接送旅客，好嗎？」聽到火車這麼說，火車司機蹙了一下眉頭，回答說：「這麼長時間沒有跑了，我擔心技術都生疏了，況且，現在鐵路上已經有新的火車在接送旅客了……」聽到火車司機這麼說，火車突然覺得後悔了，當初沒有考慮清楚就匆忙做出決定，看來現在已經沒有機會回到鐵路上接送旅客了。火車司機看到火車垂頭喪氣的樣子，伸出手溫柔

的拍拍火車說：「沒關係，我們一起去試試看，或許還有機會喔！」

在火車司機的爭取下，車站決定讓聰明的火車跟新火車一起擔任接送旅客的任務，前提是聰明的火車不能犯錯，否則只能再回到車站休息。當聰明的火車再度開進月台接送旅客的時候，很多旅客已經不記得聰明的火車了，他們只是覺得這輛火車很眼熟，「你見過這輛火車嗎？」「不知道呢！好像在哪見過……」「嗯，雖然這不是一輛新火車，可是車廂打掃得很整潔，讓人感覺很舒服呢……」終於，有一位旅客想起來了，「對了，這不就是那輛聰明的火車嗎？休息了這麼久，車廂還能保持這麼整潔，真的是不容易啊！」另一位旅客也說：「車廂看起來是很整潔，就是不曉得停了這麼久，零件是不是生鏽失靈了……」

旅客一邊聊著天，聰明的火車一邊開始平穩的往前進，一點都沒有打擾旅客們聊天的興致，直到窗外的風景改變了，其中一位旅客才驚呼：「天啊！火車已經出發了。還是跟以往一樣的平穩，一點都感覺不出來這輛火車已經休息了這麼長的時間呢！」原來在聰明的火車休息的時候，火車司機不間斷地維護保養，才讓火車一直保持在最佳狀態。雖然聰明的火車休息了好長的時間，可是火車司機卻沒有一刻停止工作呢！

火車和火車司機再度回到鐵路上接送旅客，再一次欣賞到沿路的風景，雖然還是同樣的路線，火車卻看到了許多之前沒有注意的景色。火車覺得好快樂、好幸福，火車對著火車司機說：「我看到了那些不同的美麗，就藏在相同的路程中，我學會把握現在；同時我也看到了相同的，如果沒有你的關懷照顧，我就沒有再次出發的機會。所以謝謝你，你的提醒是愛，你的關心是愛，你的照顧也是愛，因為有了你不變的愛，我才能看到不同的美麗。」

愛的分享

「剛買的日記，怎麼不寫啦？」「才學了一個月的吉他，怎麼就不彈了啊！」「唉呀，我都看煩了，我不要做了！」很多父母都會覺得孩子有無窮的潛力，不擔心孩子對事情沒有興趣，而是擔心孩子沒有恆心，總會半途而廢。這是一篇透過一輛聰明的火車而編寫的EQ故事，適用於孩子做事沒有耐心、經常半途而廢，容易焦躁的情緒調整，同時也透過火車司機細心的陪伴，讓孩子理解父母教養的愛心。

11 增進親子間的良好溝通——太陽和小木屋

在綠油油的青草鋪成的山坡上，有一幢很可愛、很漂亮的小木屋，它有白白的牆、紅紅的屋頂，用堅固的木頭做成的門窗，當溫暖的陽光照耀在紅紅的屋頂和白白的牆壁上，小木屋顯得特別明亮清爽，凡是看過小木屋的小動物都會禁不住地讚美：「這真是全世界最漂亮的小木屋了。」有了陽光溫暖的照顧，小木屋生活在綠草藍天的陪伴下，每一天都過著幸福快樂的日子。

有一天，山坡上突然狂風大作，天空中出現了好多好多的烏雲，把陽光的溫暖和藍天的清爽都遮住了，在一陣劃破天際的閃電雷鳴之後，山坡上下起了滂沱大雨，伴隨呼呼作響的狂風，打在小木屋的身上，雨水乘著風勢從小木屋的門窗穿過，落在小木屋的房間裡，把原本乾淨舒服的房間弄得溼答答、亂糟糟的。小木屋不喜歡這種感覺，於是就把門窗都關了起來，為了不讓狂風暴雨再有機會吹進房間，小木屋決定再也不把門窗打開了。

風雨過後，太陽和藍天又從烏雲背後探出頭來，照顧陪伴山坡上的小木屋，雖然小木屋看起來還是跟原來一樣的明亮清爽，但是小木屋卻再也開心不起來了，似乎有什麼心事讓小木屋忘記了原本的幸福快樂，變成了一幢悶悶不樂的小木屋了。

有一天，一隻路過的小鳥看見明亮清爽的小木屋，就停在紅紅的屋頂上，對著小木屋說：「我從來沒有見過這麼美麗的小木屋，我想你一定很幸福、很快樂吧？」小木屋沒有理睬這隻小鳥，繼續悶悶不樂地待著。小鳥看見小木屋沒有回答，又繼續問了小木屋：「怎麼啦？看起來你並不開心呢？有什麼事情想告訴我嗎？」小木屋有點埋怨地跟小鳥說：「我覺得陽光藍天不再喜歡我了，我討厭他們！」小鳥抬頭看了看天空，轉過頭跟小木屋說：「我看不會啊！陽光溫暖地照顧你，藍天清爽地陪伴你，為什麼你會覺得他們不再喜歡你了呢？」小木屋還是繼續抱怨著：「那可不一樣了，以前陽光都會跑進

我的房間裡，照亮每一個角落；藍天也會巡視我的房間，帶來清爽的氣息。但是現在，我的房間裡又黑又髒，他們竟然不理不睬，不再像以前一樣關心我，這不是不喜歡我了嗎？」

小鳥從紅色屋頂飛了起來，繞著小木屋仔細地看了一圈，然後又停到屋頂上，對著小木屋說：「看起來你的門窗都緊緊的關著，為什麼不打開呢？」小木屋回答：「不能打開的，上一次的風雨就把我的房間弄得一團亂，我可不想再來一次，所以我要把門窗都關得緊緊的！」小鳥歪著頭想了一下，又對小木屋說：「如果你把門窗都關上，那陽光和藍天要從哪裡進入你的房間，幫你照亮清理房間呢？」小木屋突然明白了，是啊，如果我把門窗都關上了，那陽光和藍天就進不來了！

只是小木屋還是有些擔心，自言自語地說：「要是暴風雨又來了，該怎麼辦呢？」小鳥聽見了，有點好笑地說：「這還不簡單，暴風雨來的時候，你再把門窗關上就行了呀！」聽完小鳥說的話，小木屋小心翼翼地把門窗推開了一條小縫，一下子，小木屋的房間再度被陽光照亮了，空氣也變得清爽了，於是小木屋安心地把門窗全部打開，讓陽光藍天走進來，照亮自己的房間。於是，原本悶悶不樂的小木屋，因為陽光的溫暖和藍天的清爽，重新清理了自己的房間，恢復了以往的幸福快樂。這時，小鳥對著小木屋說：「陽光藍天一直都在，只要你能打開門窗，陽光和藍天就能走進你的房間。陽光的溫暖，藍天的溫暖，都是愛的一部分。愛永遠都在，只要打開心門，愛就能走進心房。」

小木屋把這句話放在心裡，對著自己說：「陽光藍天一直都在，只要我能打開門窗，陽光和藍天就能走進你的房間。陽光的溫暖，藍天的溫暖，都是愛的一部分。愛永遠都在，只要打開心門，愛就能和我在一起。」慢慢地，被愛溫暖清爽的包圍著，小木屋覺得很幸福、很快樂，慢慢的覺得好舒服，想要睡著了。小木屋會在被愛包圍的感覺中睡著，做一個幸福快樂的美夢，在明天早上醒來的時候，會記得打開心門，把愛的感覺放在心裡，每天更幸福快樂地生活。

愛的分享

如果父母很努力的想跟孩子溝通，而孩子總是緊閉心門，怎麼辦？用這個故事配合開場故事，讓孩子在意識變動狀態把緊閉的心門打開，讓父母的愛進到孩子的心裡，會是很好的方法。記得在孩子已經閉上眼睛，走進屬於自己神祕花園的時候，用輕柔的語氣說這個故事，讓父母愛的叮嚀滑進孩子的心靈，敲開孩子的心門。

第4章

別小看睡眠的力量

EQ故事設計的
結構，就是把積極的暗示
放在情緒的線索之中，讓孩子在
聽故事的時候，先理解體會其中的
情緒發展，一方面學習認識各式各樣
的情緒，同時也能將故事中成長的暗
示牢記在心，讓孩子在父母的陪伴
下，輕鬆自在的成為EQ高手，
擁有更成功的人生！

心理學研究顯示，睡眠是人類機能修補的過程，對生理和心理同樣重要；有些科學家宣稱找到了證據，說明人類的睡眠是一種「離線」的學習。我們所有的學習都是從大腦的短期記憶開始，透過「固化」的過程轉變成長期記憶，好比大腦是一台裝滿可重複使用底片的照相機，不論白天發生了什麼事情，大腦一律把這些事件拍攝下來，形成短期記憶，到了睡覺的時候，大腦就將類似顯影液的神經傳導物質把底片沖洗出來，固化成為長期記憶，而那些沒有沖洗的底片就會被回收在明天的拍攝中使用。有這麼多的研究報告說明睡眠的重要功能，所以我們也要一再地提醒父母：睡覺絕對不是在浪費時間！把握睡前15分鐘的陪伴，真的可以改變孩子！

別用負面情緒催眠孩子

然而，就算睡眠對孩子的成長關係密切，為什麼會和催眠扯上關係呢？

一位輔導老師正在安慰一位在家裡被父親責罵的青春期學生：「你在學校發生這些事情，為什麼不早點跟家裡講，結果事情越鬧越大？」學生冷冷地回答說：「跟他們說？他們只會說：『早就告訴你了吧！每次都惹是生非，從小就不聽話，以後你會得到教訓的。』」

我們多少都聽或說過類似的話，可能是過去父母對我們，或者是現在我們對孩子的一種負面評定，甚至聽起來更接近「詛咒」，而這種負面評定，對年紀越小的孩子影響越深遠。當我們跟比較小的孩子說話，會發現他們完全相信父母，我們會聽見他們用「爸爸說……」「媽媽說……」這一類結構的語句來描寫自己的世界，在孩子還小的時候，父母的評價就是孩子的全世界！如果孩子從小就暴露在父母負面情緒的暗示之中，特別是這種暗示是針對孩子的人格本質時，這種負面評定就會成為孩子自我實現的預言。

有一位媽媽在診所的櫃檯等著拿藥，她的兩個孩子，六歲的哥哥和三歲的妹妹在一旁玩鬧著，突然從孩子玩耍的方向傳來「咚」的一聲，原來是妹妹跌倒、撞到頭的聲音。小女孩哭了，媽媽一個轉身，立刻打了男孩一個巴掌，「每次都不聽話，又欺負妹妹！」

小男孩大喊了起來：「是她自己跌倒的，不是我！不是我！」

媽媽又打了小男孩幾下，「還說……」

「不是我……」小男孩還想說些什麼，媽媽的手又高高舉起，小男孩看到媽媽不打算聽自己解釋時，鼓著腮幫子、胸膛一口氣提上來想要辯解，卻硬生生憋住，轉身走向牆角小聲地說：「每次都這樣，又不是我……」然後開始在一旁踢椅子腳，伸手胡亂翻弄雜誌，一副委屈無處發洩的樣子。

這個小男孩的內心深處，可能已經種下了一個暗示「我不被相信」「不能表達情緒、辯解」，或是「媽媽每次都這樣，只愛妹妹不愛我」，這些都是被深深放進潛意識的訊息，一種催眠的暗示，而我們常常不自覺地在日常生活中透過言行，潛意識地影響了孩子，尤其是一些脫口而出的情緒性語言和行為：

「要我教你幾次才會？」

「你給我試試看！」

「不聽話是不是？再不聽話，我把你帶到警察局！」

這些話不只刺痛孩子的心靈、教導孩子外面是一個充滿敵意和威脅的世界、抹煞孩子的天分和自由實踐和創意，還會形成暗示，塑造孩子的自我認知，最終成為人格的一部分。然而比起那些具體的言語和動作所形成的影響，我們更需要擔心的是，這種暗示會透過父母的情緒狀態或認知，以間接而無法用意識察覺的方式傳遞給孩子，而這種暗示，包括價值觀和信念，經常包裹著溫柔體貼的外衣：

「不要爬那樣高，你一定會跌下來的。」

「你不會弄，會弄壞，拿去給哥哥弄。」

「不要用手抓，你的手會被刺破。會感染病菌，會痛痛死掉喔！」

是的，我們每天都用自己的方式在催眠孩子，同時，大部分的催眠暗示都是負面的評價！

提到催眠，我們的印象通常是催眠師用一只懷錶，以及重複的放鬆語調和指令，「你越來越放鬆，更想睡了。」或是聽到一個指令立即做出令人訝異的反應動作，「當我數到三，你就會站起來大叫三聲我是豬……」一般認為催眠必須要經過特定的引導儀式，讓被催眠者進入恍惚遲鈍、說一動做一動的狀態才能產生效果，但是這種概念已經被揚棄了。其實催眠是一種日常生活中常發生的現象，更簡單的說，催眠是對潛意識的溝通，每當我們用特定的語調、聲音和表情手勢對孩子說話，即使父母並沒有刻意要這麼做，那些話語就滑進了孩子的下意識心靈形成暗示。生活中這種「暗示植入」的催眠現象常常發生，特別是在父母對孩子的教導溝通當中，透過重複灌輸的形式，或是伴隨著強烈的情緒事件。所以，不論是否學過催眠，我們都在不經意之間給孩子各式各樣的暗示，而孩子也接受某些暗示並且付諸實施，現在你能說孩子的行為不是父母教養的結果嗎？

美國史丹福大學研究催眠臨床運用的心理學家，根據大腦最新的研究結果證實了我們的推論：在十二歲以前孩子的大腦資訊傳遞途徑尚未成熟，所以80％到85％的孩子極易進入催眠的狀態。簡單的說，在成年之後才會完全成熟、位於大腦外側的皮層，是屬於人類特有的「現代腦」；而位於大腦內部的扣帶回、海馬回和杏仁核所處的腦，是屬於所有哺乳動物都擁有的「原始腦」。現代腦與原始腦共同掌管著人類的一舉一動，也各自有不同的記憶系統，由於原始腦對於外界刺激的反應趨向於本能和原始的，所以現代腦所做的事情，主要是判斷和抑制。現代腦的抑制作用，更多來自於父母的教養成果，孩子為了適應父母親所生活的社會，便學會遵循父母親的要求而生活。然而不論現代腦的功能發展的多麼強大，都不能完全抑制原始腦的情緒本能反應，一旦出現某些強烈情緒事件，孩子的原始腦開始大量分泌本能激素的時候，沒有受過EQ訓練的現代腦也可能失去控制，最終造成不可挽回的結果。

所以父母教養孩子的時候，除了設法培養孩子的現代腦之外，也千萬不能忽略跟原始腦溝通，當少數父母一邊打罵孩子、一邊說：「……打你是為了愛你！」來教育孩子，當然做到了同時啟動現代腦與原始腦的效果。只是我們能夠想像，這個孩子將來人格中出現的暴力傾向，就是因為大腦中同時將「打罵」與「愛」結合在一起，他的大腦皮層不但不會抑制因為愛而產生

的憤怒，更有可能強化這種行為。既然父母不一定能全程參與孩子白天所有的生活與學習，何不用EQ故事讓孩子在睡覺的時候充分運用自己的原始腦，營造一種充滿愛的情緒氛圍，讓孩子的每一場夢都找到父母無條件包容的愛，能每天更健康快樂的成長。

學習對他人做法多一點體諒——蘋果樹與農夫（短）

父母在安排孩子的學習發展時，雖然用過來人的經驗能夠讓孩子少走一些冤枉路，但是不注意的時候卻很有可能傷了孩子的心，讓孩子產生挫折的情緒。這是一篇用蘋果樹結果和農夫養育中，對於愛和理想衝突而編寫的EQ故事，讓孩子明白父母教養背後的用心，可以調整孩子的想法與父母不同而產生挫折的情緒。

有一棵很美麗，開滿蘋果花的蘋果樹覺得委屈、很不開心，雖然每一隻飛過的蜜蜂蝴蝶都讚美他，可是蘋果樹還是不高興，因為負責照顧蘋果樹的農夫總會用剪刀修剪蘋果樹的樹枝，有些時候，農夫還會將蘋果樹上剛長出的小蘋果剪掉，這讓蘋果樹覺得特別委屈，蘋果樹心裡想：「人家好不容易開花結果長出的蘋果，就被農夫剪掉了，這樣多可惜啊！」所以，蘋果樹很不開心，也不打算原諒那個照顧自己的農夫。

直到有一天，一群小朋友的對話才讓蘋果樹明白了。「哇，你們看你們看呀！好大的蘋果哦！」「對啊對啊，這裡有一顆……不對，是兩顆……三、四、五、六……哇，好多顆好大好大的蘋果哦！」一群好可愛的小朋友正在蘋果樹四周興奮的張望著。「不只是大，你們看，這棵樹上的蘋果都好紅哦，比猴子的屁股還紅哦！」「亂說，這一定是傳說中白雪公主吃的那顆蘋果，真的好漂亮喔！」這時候，農夫走了過來，在蘋果樹旁邊停下來，對著那一群小朋友說：「小朋友，這棵蘋果樹的蘋果不只長得大、長得漂亮，這個蘋果樹的蘋果還特別甜、特別好吃哦！來，我摘一顆請你們嘗嘗看……」

小朋友接過蘋果，一人一口吃了起來，每個人都露出了幸福的表情：「真的好甜哦！這是我吃過最香最甜的蘋果了！」這時候農夫說話了，似乎是對著這群小朋友說，也像是對著蘋果樹說：「其實這棵蘋果樹在夏天的時候，結了滿樹的蘋果，如果每個蘋果都長大了，現在就會有好幾倍好幾倍的蘋果呢……」「那為什麼現在只有這些蘋果了呢？」一位小朋友問道，農夫回答說：「如果夏天剛剛結出的蘋果都留在樹上，那麼每一個蘋果能吸收的營養會不足，就結不出這麼大、這麼甜、這麼漂亮的蘋果了；如果不修剪那些凌亂的樹枝，蘋果樹就可能被越來越沈的重量給壓斷，最後不但不能結出甜美的蘋果，還有可能因為傷勢過重而枯萎的……」

農夫一邊說、一邊拍拍蘋果樹，「當我拿起剪刀修剪那些果實的時候，我也很心疼、很捨不得，蘋果樹費了好大的工夫才開了花、結了果，要讓一些還沒成熟的果實離開，一定覺得很難過。只是如果不修剪那些多餘的果實，不但長不出甜美的蘋果，還有可能讓蘋果樹枯萎了，所以，我只能拿起剪刀，把多餘的果實給剪下來了！」小朋友聽完農夫的故事，很認真地點著頭說：「修剪果實是為了讓我們有更大更甜的蘋果可以吃，農夫伯伯跟蘋果樹哥哥真是用心良苦啊！來，我們一起來謝謝他們吧！」「謝謝蘋果樹哥哥！謝謝農夫伯伯！」

情緒會左右孩子的能力發展

情緒是人類最原始的智力！

既然情緒是我們與生俱來的智力，和生存息息相關，所以跟情緒相關的記憶總是印象深刻的，孩子可能記不得昨天學校老師教的生字，卻一定記得好久以前第一次去動物園玩耍的細節，就是因為全家出遊對孩子來說是多麼興奮的事，當然會牢牢的記在腦海裡。換個角度解釋，我們的大腦並沒有特定區域存放記憶，而是用腦神經網路之間的聯結來形成或喚起記憶，這就意味著當某件事情的刺激在大腦中形成的網路聯結越多越強，我們對這件事情的記憶就越清晰，孩子每一次學習生字的狀態都相仿，一段時間學習越多效果越差，正是因為這樣的學習總是在刺激相同的神經網路，所以只能靠反覆練習來強化。去動物園玩耍的時候，孩子是用視覺、肢體及情緒共同刺激大腦，形成更為複雜的網路聯結，當然能形成更強的記憶。如果父母想要提高孩子的智力發展，除了鐵杵磨成繡花針式的反覆練習之外，重視孩子的情緒發展也是必要的，讓情緒參與孩子的學習過程，絕對能大幅提高學習效果。

心理學研究也發現，孩子對於情緒處理的能力，以及對於自我情緒的認識，要比智商更能決定孩子一生的成功和幸福。孩子對情緒認識和表達的方式，絕大部分是從父母身上學習來的，對父母而言，EQ就等於覺察孩子情緒的能力，同時能設身處地的安慰引導孩子；而對孩子來說，EQ包括認識和表達情緒、懂得用更積極的方式看待情緒事件，尤其是憤怒、衝突、恐懼等較為負面的情緒。研究EQ的美國心理學家丹尼爾・戈爾曼有一個計算人生成功的方程式：

20%IQ+80%EQ=100%成功

心理學家們跟蹤調查後發現，凡是受過良好心靈成長培養的孩子，在學習成績、人際關係及未來的工作表現和婚姻情況等，均優於未受過專門培養的孩子。青春期之前是孩子人格發展的定型期，父母除了關注以分數高低判斷的學習能力的成長之外，同時更應該重視的，是孩子EQ能力的培養，在人格發展的重要階段，讓孩子的各項能力能均勻充分的發展。

ＥＱ故事設計的結構，就是把積極的暗示放在情緒的線索之中，讓孩子在聽故事的時候，先理解體會其中的情緒發展，一方面學習認識各式各樣的情緒，同時也能將故事中成長的暗示牢記在心，讓孩子在父母的陪伴下，輕鬆自在的成為ＥＱ高手，擁有更成功的人生！

睡個好覺比教導更重要

你知道睡覺與孩子的成長密切相關嗎？雖然關於人類大腦的研究還不能完全解釋為什麼睡眠對於人類這麼重要，卻同時發現，嬰兒的睡眠超過一半的時間處於作夢的狀態；而老年人不但睡眠的時間減少，就連作夢在睡眠中所占的比例也相對降低了許多。一些腦神經研究學者也宣稱：睡眠是人類清醒狀況學習的延伸，睡眠不足的人除了學習能力會大幅降低之外，對於情緒的控制也會變差。

人類的大腦沒有一刻是處在休息狀態，睡眠的時間大腦還在分析整理白天所經歷的事物，將重要部分連接神經網路形成記憶，並且以夢的形式呈現。雖然孩子的腦細胞數量在上小學之前就已經接近成年人的平均值，然而許多尚未連接的突觸及還在發展的大腦皮層，與成年人之間還是有些差距，所以孩子比成年人有更強的適應能力，同時自我控制的能力也較差。

德國化學家凱庫勒為了苯分子的結構，苦思冥想不得其解。一八六五年的一天夜晚，凱庫勒在書房裡的沙發上打起了瞌睡，夢見一個個原子跳躍而出，並且像蛇一樣盤繞蜷曲。一會兒眼前的蛇咬住了自己的尾巴，然後旋轉不停。凱庫勒從夢中驚醒，繪製出了苯分子中碳原子呈環狀排列的結構……

一九六五年，一位流行樂隊的歌手早上起床，滿腦子都是一段旋律，在前一天的夢中，他聽見樂團合奏著這個曲子，這位歌手以為是他曾經聽過的樂曲，於是他反覆確認，直到確定了這是一段屬於他個人的音樂之後，他將這段旋律填了詞，並且發表，成為這個樂隊的經典名曲。這首歌就是披頭四樂隊的Yesterday，而那位作夢的歌手就是保羅．麥卡尼……

許多真實的故事都說明睡眠與創造力之間存在微妙的關聯，或許我們身邊也發生過類似的情節，透過這兩個故事，我們能更具象地了解睡眠和作夢是如何影響人類工作學習的。

哈佛心理學家芭瑞特曾經這麼說過：在睡夢時，我們會做內部的調整……慣用的邏輯系統停止運作，社會規範也鬆綁了，這讓我們能夠做出更有創意的聯想……我們不想誇大睡眠和作夢的功能，很多時候夢中出現的事物就是白天生活元素的重組，然而睡眠的確提供大腦重新整理強化白天學習的經驗，甚至能透過夢境，提醒我們某些有意無意忽略的重要訊息。所以，不論我們否清楚大腦在睡眠的過程中做了多少事情，也不要忽視睡眠的力量。

不管多忙，都要陪孩子入睡

還在念小學的她，某一天因為一件雞毛蒜皮的小事被父母斥責，好強的她倔強地不向父母認錯，尤其認為自己在這件事情上並沒有犯錯，但這對父母卻對子女的要求相當嚴格，所以原本不算激烈的衝突，在情緒的推波助瀾下變得越來越嚴重，於是父母下了重手教訓了她，在身上留下了一道道傷痕；倔強的她強忍住悲痛的眼淚，在打罵結束之後，獨自回到了床上假裝入睡。那天晚上，她在床上翻來覆去無法入睡，正覺得自己很委屈的時候，聽到父母推開房門向自己走來，假裝入睡了的她感覺到父母拉開被褥，悄悄地對著彼此說：「哎喲，打得真的很厲害哦！」那時候她的心裡就只有一個念頭，就是永遠都不會原諒父母這一次的錯罵……

我們不是聖賢，我們都會犯錯，所以我們不怕犯錯，而是怕犯了錯沒有機會改錯，或者更糟的，是不願意承認自己犯了錯。

孩子是獨立的個體，不是父母的附屬品，而這個世界也沒有任何一個人能自私地決定另一個人的未來，既然孩子的明天屬於他自己，做父母的就無權用維護自己的尊嚴當藉口，否定孩子的價值觀。在陪伴孩子成長的過程，我們可以犯錯，因為還有機會可以改變，如果父母明知自己做得不夠好，卻還放手讓孩子成長的關鍵時刻從身邊悄悄溜走，請你告訴我，這樣的錯難道還不夠糟糕嗎？

就拿那對父母來說，既然可以偷偷的跑進孩子的房間，懊惱地檢查孩子的傷勢，當然可以在床邊陪孩子說EQ故事，除了尊重孩子是個獨立的個體，也尊重自己是個普通人，如果當時這對父母能用一個故事，告訴孩子自己有多麼愛著孩子，這個孩子的EQ故事就會充滿了更多的愛。

所以，不論你現在對於催眠暗示理解到什麼程度，也不管你多麼害怕在別人面前說故事，你要做的，就是把握孩子成長的關鍵15分鐘，陪伴他一起發現屬於孩子自己的EQ故事。

請記得：我們不是聖賢，我們都會犯錯，所以我們不怕犯錯，而是怕犯了錯沒有機會改錯，或者錯過了可以改過的機會。

用故事拉近親子間的距離

每個人的生命都是一個故事，或者說，一個人一生中會經歷許許多多的故事。故事形塑我們的人生經驗，或者說，我們的人生經驗形塑了不同的故事。在這裡，我們要談的是，故事對心靈的影響力，以及，如何說有影響力的故事。

對於孩子來說，生命經驗就是始於孩子開始述說的故事。當我們問孩子，今天在幼稚園好玩嗎？孩子可能會說：「好好玩喔！老師帶我們做了好多遊戲。」也可能說：「好無聊喔！都不能玩自己想玩的玩具。」兩段短短的「故事」說明了他們的經驗、心情、認知，甚至開啟了孩子對於學習、學校及這個世界的看法。

我們可以進一步問孩子發生了什麼？孩子可能會回答：「我想要玩玩具啊！可是老師說要先畫圖，畫完圖才能去玩玩具。但是那個張小明，他都隨便亂畫，然後他就跑去拿玩具……」你聽，孩子的「故事」越來越豐富了。或許孩子最後會說：「我才不要像張小明那樣，我會把圖畫先畫完，才去拿玩具。」也可能是「我也要像張小明那樣，為什麼他可以先玩玩具？我也要。」

這些都是故事嗎？是的。孩子放學回家後跟爸媽說「今天學校發生什麼事情」都是故事，而我們長大後找工作寫的履歷自傳也是故事，一個透過精心書寫試圖要傳遞「關於我們是誰」的故事。只是隨著我們心智的成長，故事不只更豐富，也能更多層次地和我們的意識與心靈交織溝通。故事通常包含著隱喻，比如醜小鴨的

故事，透過小鴨子歷盡千辛萬苦長成美麗天鵝的過程，在傳遞什麼樣的價值與教訓？

我們始終相信這一點，潛意識經常開著，在一個信任、有愛的關係下，自然會有交流。孩子在成長中，需要心靈的滋養，好讓孩子更自信、更有能力地去進入這個世界。父母在有限的陪伴孩子長大的年歲裡，可以給他們一個個美好的生命陪伴故事。想想，以後我們的孩子長大了，會跟他的孩子說，爺爺奶奶常常跟他說故事，這傳遞了一份怎樣的親情聯結？或者透過故事述說，來轉化困境調和情緒。

《愛麗思夢遊仙境》的作者 Lewis Carol 認為：「說故事是一種送禮的行為。」EQ故事是個種籽，被父母小心翼翼地安置在孩子內在世界那一方豐沃的土壤裡，細細柔柔的聲音，就像是夜晚的風輕輕拂過冒出頭來的小芽。看著睡著了發出安詳酣息聲音的孩子的眼神，就像是溫柔的月光，照看著這個在長成的生命奇蹟。在深深夜裡，滋長交織著的，會有孩子的夢，以及父母的夢想……

第5章

用故事溝通，讓孩子知道大人的心事

孩子是一張白紙，他的人格特徵直接受到父母行為教養的影響，同時毫無保留的複製。所以，在睡覺之前除了陪伴之外，更重要的是讓他知道，白天看到聽到的一切究竟代表了什麼，這不僅是對孩子的成長功課，也是父母對自己的省思。透過言語的溝通，讓孩子正確認識情緒，並且明白這一些都是父母愛的呈現。

我們和孩子究竟有什麼差別？

從我們出生後就具備了足夠一輩子使用的各項功能，所以充其量每個大人都只是四肢發達的大孩子，跟孩子一樣的渴望被愛、同樣的追求新奇，唯一不同的，是我們更懂得控制自己的情緒。原本這是一種適應社會的成熟表現，卻也同時讓我們變得世故冷漠，就好像那首歌詞「我不哭不笑不點頭也不搖頭」，這樣的場景是不是有些熟悉？每次我們生氣的時候就是這種表情，我們變得不敢讓別人看出我們的心事。

我們和孩子最大的差別不是形體的大小，而是大腦皮層的發展，因為成年人擁有更強大的大腦皮層，所以更懂得判斷和抑制；至於情緒的部分，我們和孩子差異甚少，孩子會哭會笑，我們也會，所以成人不是沒有情緒，只是選擇不表達罷了。

也許在成人的世界裡，我們需要隱藏情緒來保護自己，當我們和孩子相處的時候，讓自己變成孩子當然是最好的方式，只是大腦皮層太發達的我們，習慣了壓抑自己，往往還是不敢把心裡的話說出來、把自己的情緒告訴孩子。既然我們一輩子都要和自己的情緒相處，太早教導孩子否認情緒，當然不是值得鼓勵的事情，所以在跟孩子相處的時候，練習表達情緒，對孩子的人格發展有很好的幫助。透過EQ故事中角色之間的對話，來釋放孩子和我們的情緒，是一種很有效的方式，除了讓孩子在故事中理解父母積極的成長暗示之外，也能讓孩子聽見父母的情緒，明白所有的情緒都是正常的，並且開始懂得和情緒相處，同時成為一個理解父母情緒的貼心孩子。所以，別急著教孩子否認情緒，開始用EQ故事來讓孩子知道父母也有心事吧！

用故事跟孩子說心裡話——修剪枝椏的小樹

很多父母都認為要裝扮得很堅強才能教好孩子，忽略了情緒也是親子溝通中重要的元素之一。或許我們知道應該讓孩子明白內心的想法，在面對孩子的時候卻很難開口，這時候我們不妨用EQ故事來表達自己的情緒。修剪小樹枝椏的農夫替小樹覺得擔心和難過，這也是父母心裡的感受的話，就讓這個EQ故事替父母和孩子架起一座通往心靈的溝通橋梁吧！

在一座美麗的公園裡有一棵小樹，有個農夫每天都會來照顧小樹。農夫會給小樹澆澆水、拔拔草，也會陪小樹曬曬太陽、吹吹風。農夫很喜歡小樹，把小樹照顧的很好。小樹也很懂禮貌，總會對農夫說：「謝謝你！」就這樣，農夫與小樹快樂的一起生活，小樹一天天健康的成長著。

有一天，農夫帶了個大剪子來到公園裡，要幫小樹修剪枝椏。小樹很害怕，他又哭又叫：「不要，不要，不要剪我的枝椏！你把我弄痛了！」農夫聽見，停了下來，對還在流淚的小樹說：「親愛的小樹，我聽見你說痛了，我知道你想要無拘無束的成長。但是你有沒有發現，你身上的枝幹太多了，我好擔心那些長得歪歪扭扭的樹枝會讓你長不好，所以想幫你修剪一下，留下長得好的枝葉，這樣你才有足夠的力氣長得又高又直呀！」

小樹看見農夫為自己擔心的模樣，慢慢不哭了。因為他發現最近身體變重了，已經不能像以前那樣在風裡跳舞，而且最近都沒怎麼長高。

農夫繼續說道：「我知道這樣會有點痛，我心裡也很難過，但這都是為了小樹將來可以長得更好。相信你是一棵堅強的小樹，是嗎？」

小樹想了想，慢慢點了點頭。於是農夫又拿起大剪子，輕輕地對著那些歪歪扭扭的樹枝剪了起來。小樹也發現沒有想的那麼痛了。

修剪完枝椏，小樹覺得一下子

輕鬆了好多。一陣風吹來，小樹又可以擺動綠色的枝葉，在風裡舞蹈了。

日子一天天地過去，小樹越長越大，終於成為了一棵枝繁葉茂的健壯大樹，這時候他才意識到，之前農夫那麼多次的修剪，其實都是為了讓自己更加茁壯地成長，因此成為大樹的他心裡充滿了感激。

父母愛的「助力」，有時會變成「阻力」

我們經常聽說某某音樂家的父母也是從事藝術相關工作、某某博士來自於書香門第等等，孩子的成就與父母的能力息息相關，這是個不爭的事實。然而更多的現象是我們所忽略的，單親家庭培養的孩子往往也會遭遇婚姻的不順，脾氣暴躁的父母更可能養育出桀驁不馴的子女，所以，父母不僅僅是培養孩子的助力，在不注意時，也可能成為孩子成長的阻力，尤其是那些被我們忽略的情緒事件，一不小心就在孩子的人格上留下不可磨滅的烙印，讓不幸的情緒在下一代的生活中重演。

一位母親總是抱怨自己念小學的兒子在學校不守規矩，這位母親說：「學校老師總是說我們家兒子上課不專心、不守秩序，尤其是說話很大聲，只要同學間有爭執，他就扯著嗓門跟人吵架。我真的不懂，每天回家我都陪他做功課，跟他說上課要專心，為什麼他總是做不到呢？」正巧碰上孩子回家，把書包和外套隨地一丟，就跑到房間開電腦，這位母親立刻發飆，扯開嗓門就罵起了孩子：「一回家就只知道玩，把書包外套亂丟！跟你說了幾百遍了，你就是假裝聽不見！你給我過來，把東西收好！滿腦子都只想到玩玩玩……」

孩子的大嗓門及控制不住的脾氣，就是受到母親情緒的影響，所以即便我們整天耳提面命的要求孩子規距，如果忽略了自己的情緒弱點，不但達不到我們預期的教養成果，更可能讓孩子覺得父母的言行不一，而產生適得其反的結果。

估計很多人要擔心了，我們不能選擇養育自己的父母，所以遺傳了某些情緒弱點，卻又可能因為這些情緒問題，而讓自己成為孩子成長的阻力，那應該怎麼辦呢？的確，要讓每位父母都成為EQ高手，一天二十四小時、一個星期七天管理好自己的情緒，真是一件不太容易的事情。在我們對孩子做出一些不必要的情緒反應之後，不必覺得懊惱自責，畢竟每個人都會有情緒波動的狀態，這是很自然的，而比自責更重要的，是及時阻止孩子大腦神經網路的聯結，不要讓自己的負面情緒影響孩子一生。話雖如此，而我們怎樣能阻止情緒事件造成的情緒印記呢？

睡眠是孩子重要的學習時段，同時人類會在睡眠的狀態下整理白天所遭遇的事件，將那些重要的事情分析整理並形成記憶，以一種神經網路聯結的方式形成記憶機制，在下一次遭遇相同的情形時能更快速的反應。所以，在孩子睡覺前15分鐘是EQ學習的重要階段，因為更接近睡眠學習的時間，所以這段時間孩子得到的資訊儲存在短期記憶區，由於短期記憶的存儲量有限，那些更不重要的事件就會被這段時間的資訊所取代；其次是白天所形成的情緒印記，雖然可能已經形成長期記憶，但因為神經網路還沒有經過睡眠階段的整理強化，依然存在著調整的空間，所以可以在這段時間修正白天負面的情緒事件，用更好的EQ故事代替。

父母千萬不要覺得自己應該擔任超人或上帝的角色，固執地認為不能在孩子面前軟弱認錯，我想很多父母會用下面的方式跟孩子說話：「今天把你打了一頓，這是因為爸爸愛你，所以才打你的……」我完全相信這位父親深愛著自己的孩子，在睡前跟孩子說這番話，除了告訴孩子父母的愛之外，同時也強烈暗示了「打罵代表愛」，而這就與父母對孩子關愛的原意有所出入了。

父母為不適當的情緒向孩子認錯，是高EQ的表現，這能讓孩子明白父母也有各種情緒，但這不是EQ故事的全部內容。如果今天孩子因為父母工作上的不順心而挨罵了，我們可以這麼對孩子說：「爸爸今天心情不好，罵了你，把不好的情緒發洩在別人身上是不對的，這一點爸爸要道歉，同時也請你理解，有些事情你也能做得更好。我相信從明天開始，我們都會表現得更好，因為我愛你，而我知道你也愛爸爸，對嗎？」這樣的溝通，除了讓孩子知道隨便生氣是不好的，同時也明白，為自己的行為負責而道歉是成熟的表現，當然這也同時暗示親子關係會因為愛而越來越好，不但讓孩子不會因父母的情緒而造成心結，還能一天比一天更好的成長，這不就是一篇完美的EQ故事嗎？

每個孩子都是超人

你知道每個孩子都是超人嗎？

這裡所謂的超人，當然不是讓孩子穿上緊身衣和披肩滿天亂飛，並且力大無窮，而是提醒每一位父母都應該更加注意，自己孩子充滿潛力的大腦。俗話說：「龍生龍，鳳生鳳，老鼠的兒子會打洞。」我們都在不停地用自己的方式培養孩子成為社會人，就像真的拿剪刀修剪樹枝一樣，我們透過教養風格決定孩子的大腦網路該如何聯結、怎麼發展，甚至在某些不經意的情緒反應上，讓孩子留下了難以磨滅的印象，而決定日後的人格發展。

孩子的能力與腦部發展及早期經驗有著密切的關係，或許這就不難理解，為什麼東西方的人格特質存在明顯的差異。西方的個人主義及創造性思維，與東方人的集體價值和批判性思維的不同，就來自於早期經驗的不同，就以教孩子吃飯這件事，在一歲多孩子剛懂得拿東西的時候，大部分的西方父母會讓孩子坐在小椅子上，自己用勺子嘗試吃嬰兒食品，結果當然是弄得一塌糊塗；東方父母則會抱著孩子一口一口的餵食，當孩子企圖抓住餐具時，父母還會說：「不可以！」就擔心孩子吃到了不乾淨的東西，或者不小心弄傷了自己。就是這些教養風格的差異，導致東西方人格特質的不同。而我們也看到許多被外國人領養的中國孩子，在長大成人之後，除了外型膚色還能看得出原本種族的基因，日常生活待人接物的所有細節，都更接近養父母的文化傳統，這樣的例子更能讓我們清楚，孩子適應能力與專業能力之間轉化的動力，來自於教養風格。

那父母親該怎麼理解「孩子都是超人」這個概念呢？

首先，幼兒早期就擁有的腦神經及突觸，讓孩子擁有超強的適應能力，他們能聽到、看到、感受到更多成年人因為突觸的刪減而無法察覺的事物。或者簡單的說，孩子都擁有第六感，雖然孩子無法用成年人熟悉的方式讓我們知道他的真實想法，孩子卻能透過他的方式來控制周遭的環境，尤其是控制養育自己的父母。當孩子清楚了讓自己生存的最佳策略，就是模仿父母的一切行為之後，孩子便開始了專業化的發展，放棄某一些與生存不直接相關的能力，可能父母並不知道。聰明的父母當然可以儘早培養孩子多方面的能力發展，更多保留孩子的適應能力，自然意味著將來孩子學習能力更大的彈性。

另一方面，超人的能力也可能往父母期望之外的方向發展。孩子不一定清楚責備處分背後的意義為何，但直接的感受就是父母不愛我、不要我了，為了避免被遺棄，孩子當然會做出選擇，用自己超人的能力做一個聽話的乖孩子，只是如果這種專業訓練太堅持了，估計孩子也只能當一個「孝順超人」，而在其他能力上就表現一般了。所以父母與孩子互動的過程中，情緒反應對孩子的影響往往快而直接，因為孩子直覺的擔心父母的情緒是針對自己的，於是大腦在很短的時間之內就讓突觸形成了神經網路，比起其它的行為教育需要反覆進行來得更有效率。同時，孩子都具備的第六感，甚至於我們將情緒放在心裡不說出來，孩子都能感受得到。當我們聽到身邊的其他父母說：「這孩子怎麼動不動就生悶氣、沒有耐心？」時，或許我們就該想一想，究竟沒有耐心的，是孩子，還是父母？

愛能包容一切

「15分鐘的EQ故事能有這麼大的魔力嗎？」讓父母睡覺之前陪伴孩子，一向對親子關係有很好的促進作用，能堅持這麼做的父母必然能教養出人格完善的孩子，因為這就是愛的體現，即使不用言語，孩子依然能夠覺察，並成為懂得愛與被愛的人。孩子是一張白紙，他的人格特徵直接受到父母行為教養的影響，同時毫無保留的複製。所以，在睡覺之前除了陪伴之外，更重要的是讓他知道，白天看到聽到的一切究竟代表了什麼，這不僅是對孩子的成長功課，也是父母對自己的省思。**孩子每一天的成長，都像是在白紙一般的大腦中透過腦神經聯結記錄所見所聞，而睡眠和作夢就像是為每一天的成長日記重新批改註記，並且畫上句號。**所以孩子睡覺之前是修正完善EQ的最佳時機，可以從孩子覺得今天印象深刻的事情開始，或者是父母覺得有些情緒不適當的地方，透過言語的溝通，讓孩子正確認識情緒，並且明白這一些都是父母愛的呈現。

幫忙孩子勇敢敞開心房——太陽和小木屋（短）

有時候不是父母不夠關心孩子，而是孩子什麼都不跟父母說，溝通是雙方的責任，當然父母更應該主動地了解孩子的需求，或許不用做什麼，而是幫助孩子打開自己的心門。這是一篇透過小木屋和陽光的關係而編寫的EQ故事，適用於孩子對父母教養的抗拒心態調整，同時暗示父母的愛和陽光藍天一樣永遠陪伴。

在綠油油的山坡上，有一幢好漂亮的小木屋，在綠草藍天的陪伴下，每一天都過著幸福快樂的日子。有一天，山坡上突然狂風大作，天空下起了滂沱大雨，伴隨呼呼作響的狂風，打在小木屋的身上，雨水穿過門窗，落在小木屋的房間裡，把原本乾淨舒服的房間弄得溼答答、亂糟糟的。小木屋不喜歡這種感覺，於是把門窗都緊緊地關了起來，為了不讓風雨再有機會吹進房間，小木屋決定再也不把門窗打開了。

風雨過後，太陽和藍天又從烏雲背後探出頭來，照顧陪伴山坡上的小木屋，但是小木屋似乎有什麼心事，不再幸福快樂，變成了一幢悶悶不樂的小木屋了。一隻路過的小鳥看見悶悶不樂的小木屋，覺得很好奇，就問了小木屋：「怎麼啦？你看起來不開心哦？發生了什麼事情嗎？」小木屋有點埋怨地跟小鳥說：「我覺得陽光藍天不喜歡我了，我討厭他們！」小鳥抬頭看了看天空，轉過頭跟小木屋說：「我看不會啊！陽光和藍天都沒走開呀！為什麼你會覺得他們不喜歡你了呢？」小木屋還是繼續抱怨著：「那可不一樣了，以前陽光都會跑進我的房間裡，照亮每一個角落；藍天也會巡視我的房間，帶來清爽的氣息，但是現在，我的房間裡又黑又髒，他們竟然不理不睬，不再像以前一樣關心我，這不是不喜歡我了嗎？」

小鳥繞著小木屋飛了一圈，然後又停到屋頂上，對著小木屋說：「你的門窗都緊緊的關著，為什麼不打開呢？」小木屋回答：「不能打開的，上一次風雨把我的房間弄得一團亂，我可不想這樣的事情再來一次，所以我要把門窗都關得緊緊的！」小鳥歪著頭想了一下，又對小木屋說：「如果你把門窗都關上，那陽光和藍天要從哪裡進入你的房間，幫你照亮清理房間呢？」

聽小鳥這麼一說，小木屋突然明白了，「是啊！是我把門窗都關上了，所以陽光和藍天就進不來了！」聽完小鳥說的話，小木屋輕輕地把門窗推開了一條小縫，一下子，小木屋的房間再度被陽光照亮，空氣也變得清爽，於是小木屋快樂地把門窗全部打開，歡迎陽光藍天走進來，照亮自己的房間。於是，原本悶悶不樂的小木屋，因為陽光的溫暖和藍天的清爽，重新清理了自己的房間，恢復了以往的幸福快樂。這時，小鳥對著小木屋說：「陽光藍天一直都在，只要你能打開門窗，陽光和藍天就能走進你的房間。陽光的溫暖，藍天的溫暖，都是愛的一部分。愛永遠都在，只要打開心門，愛就能走進心房。」

第6章

說故事不難，啟承轉合是關鍵！

在父母想方設法要改變孩子之前，應該先靜下心來想想，究竟是孩子的性格需要改變，還是我們管不住自己的情緒，把愛關在心底，卻放縱自己被情緒綁架？所以感情的整合不僅是給孩子的暗示，同時也是給父母的啟示，孩子就是一張白紙，我們是孩子成長的所有，至於成為他們的助力或是阻力，就看我們自己的決定了。

相信父母多少都給孩子說過故事，許多父母有著相同的經驗，翻了半天的故事書，好不容易找到一個看起來沒說過的故事，正打算說給孩子聽，沒想到才說了幾個字，孩子就抗議了：「這個故事已經說過好多次了！」當父母不記得哪個故事曾經說過，或者認為邊聽邊睡的孩子不可能記得故事內容的時候，床邊故事給孩子留下的印象卻是如此深刻，是不是讓做父母的我們覺得十分吃驚！

還記得我們小時候的一篇課文：「天這麼黑、風這麼大，爸爸捕魚去，為什麼還不回家？」這段文字甚至連情緒形容詞都沒有，將擔心期盼轉換在天黑風大的場景中。一旦換喻用得精確，我們的大腦就不僅記憶溝通符號，同時記憶這些符號所攜帶的情緒，而情緒記憶就是如此的強烈和深刻，以至於幾十年之後，我們依然清楚記得這篇「天這麼黑、風這麼大」的課文，不是嗎？

現在是不是更好的理解了，孩子能記住每一篇床邊故事，甚至是所有的卡通影片，因為這些故事或影像都採用了大量的換喻，同時傳遞了強烈的情緒資料，讓孩子在聽故事的同時，也在心裡進行了角色扮演，形成了情緒記憶，所以，**情境的換喻及明確的情緒，是床邊故事能讓孩子印象深刻的兩個重點**。

所以，一個好的EQ故事需要注意的有包括投射、暗示及情緒幾個重點。

孩子投射的角色

雖然孩子能夠想像自己是任何角色，不一定非是王子或公主，不過父母可能因為自己的偏好或習慣，透過言語與情緒引導孩子扮演EQ故事中某一個特定角色。不論讓孩子自己選擇，或依父母的期望來決定孩子扮演的角色，最需要注意的是，孩子會選擇那些父母喜歡的角色來扮演，而且孩子會觀察語氣情緒，甚至不用父母說出好惡。

所以在創作或選擇成長故事的時候，如果父母親想要建立孩子的社會價值，可以選擇角色較多且立場鮮明的故事；如果想要改善親子關係，或許故事裡的角色只要有孩子及父母的投射即可，比較簡單的就是將白天發生的事情，透過另一個擬人化的動植物或卡通人物來表現，如向日葵和太陽，這樣就能讓孩子把向日葵當成自己而扮演。

紓解孩子過度的焦慮感——煩惱的向日葵（短）

記得小時後第一次上幼稚園的情景，爸爸帶我走進教室之後，我就開始哭鬧，不讓爸爸去上班，大哭大鬧了一個上午才安靜下來。分離焦慮是孩子常見的情緒，尤其在剛入學的階段更為常見。在這個EQ故事中，主角向日葵就是孩子投射的身分，太陽則是父母的化身，適用於孩子的分離焦慮，同時也讓孩子明白朋友之間關懷的重要。

在一座美麗的花園，裡頭開滿了各式各樣的花朵，有一天杜鵑花姐姐說：「嗯，你們有沒有發現，向日葵妹妹好像心情不太好喔！只要太陽不在的時候，她就低著頭，一句話都不說，好像很緊張、很害怕呢！」「害怕？不會吧！向日葵妹妹長得這麼高大、這麼健康，花的顏色又那麼美麗和鮮豔，她有什麼好害怕的呀？」牽牛花哥哥和杜鵑花姐姐聊了起來。杜鵑花姐姐說：「我也覺得納悶，像向日葵妹妹這樣美麗又健康的花兒，應該整天都高高興興的啊！我想我們就別瞎猜了，問問向日葵妹妹不就知道了嗎？」

於是，大夥兒就決定派牽牛花哥哥去問向日葵妹妹為什麼心情不好，牽牛花哥哥就爬呀爬呀，爬到了向日葵妹妹的身旁，抬起頭看著向日葵妹妹問：「向日葵妹妹！我聽說妳心情不好，看起來

很緊張、很害怕，是嗎？」向日葵妹妹臉都不敢轉向牽牛花，還是面向太陽，稍微斜著眼看了下牽牛花說：「對……對啊！你們怎麼發現的？」牽牛花哥哥說：「聽杜鵑花姐姐說，只要太陽不見了，妳就會低著頭哪裡都不敢看，好像在擔心什麼……」「是啊！從我小的時候，太陽就陪在我身邊照顧我、愛我，太陽好溫暖、好明亮，讓我覺得好幸福、好安全喔！每一次太陽不見了，我就覺得好害怕、好緊張，我擔心有一天太陽不見了，再也不愛我了，如果這樣，我……我該怎麼辦呢！」

向日葵妹妹說著說著就快要哭起來了，讓牽牛花哥哥也覺得好緊張、好難過。牽牛花哥哥對向日葵妹妹說：「嗯，看來他們派我過來是找對人啦！向日葵妹妹，妳知道太陽下山之後，天空還有什麼東西嗎？」向日葵妹妹搖搖頭，「我……我不知道，太陽不在的時候，我根本不敢抬頭看……」「天空有好多星星，還有一顆好大、好明亮的月亮喔！妳知道月亮為什麼會發光嗎？」還沒等向日葵妹妹回答，牽牛花哥哥又接著說：「月亮是反射太陽的光芒才會這麼明亮的，因為太陽還有其他的事情要照顧，所以晚上就拜託月亮來幫忙。」

聽到牽牛花哥哥這麼說，向日葵妹妹自言自語了起來，「原來太陽沒有丟下我不管，太陽還請月亮在夜裡照顧我……」「是啊！而且妳長那麼大了，太陽有哪一天沒有起來照顧妳、保護妳呢？」被牽牛花哥哥這麼一問，向日葵妹妹才仔細回想，好像太陽真的沒有一天不起來照顧自己。向日葵妹妹有些明白了，同時還有些擔心，「可是，有些時候下雨，也見不到太陽呢？」牽牛花哥哥說：「我來告訴妳吧！下雨的時候，太陽也沒有離開，太陽躲在烏雲的後面等待著，因為烏雲也是太陽帶來照顧妳的，太陽用自己的光和熱，把小河裡的水邀請到天上形成烏雲，然後再把清澈的水降在妳的身上，讓妳不再口渴。雖然有些時候妳看不到太陽，太陽對妳的愛可是無處不在喔！」

這下，向日葵妹妹總算明白了，向日葵妹妹不再緊張害怕，對自己說：「有時候太陽有自己的事情，有時候我看不到太陽，而我知道太陽的愛隨時都在。月亮是愛的一部分，烏雲是愛的一部分，下雨也是愛的一部分，我隨時都擁有太陽的愛，同時，我還有杜鵑花姐姐、牽牛花哥哥這麼多好朋友的陪伴，我再也不會害怕和擔心了！」

積極的暗示內容

讓我們仔細想想白雪公主這個家喻戶曉的童話故事，如果孩子選擇擔任白雪公主，當然就會接受美麗、善良、父母疼愛等暗示，但是也可能包括了無助、傻等意涵，做父母的必須十分清楚這些故事的暗示性，儘可能針對孩子設計一些積極的暗示，而避免某些不良暗示。

就拿白雪公主來說，如果孩子因為長輩寵愛而有些驕縱，那麼關於毒蘋果的部分就可以調整成「國王和皇后深愛著白雪公主，雖然萬分不捨，還是決定將白雪公主送到深山裡生活……白雪公主看到鮮紅的蘋果，雖然國王母后的諄諄教誨言猶在耳，卻因為自己固執地想要嘗嘗看，依舊從女巫手中接下了這顆毒蘋果」，透過適當調整故事內容，給孩子積極且適合的成長暗示。

趕走孩子內心的自卑感——認真的水桶

「我長得很胖，班上同學都嘲笑我，不跟我玩！」十歲的侄子放學回家，氣呼呼地摔了書包抱怨著，這時父母應該怎麼辦呢？不是所有的EQ高手都有美好的外貌和高人一等的能力，但是每一個EQ高手都會在看似不夠完美的事情裡找到積極的想法。「就是因為我長得比較壯，所以班上躲避球比賽都派我當主將，打敗高年級的隊伍！」認真的水桶就是這樣的EQ故事，讓孩子學會用不同的角度看事情，找到自己喜歡的事！

有一個認真工作的水桶，日復一日地替主人打水，已經有好長的時間了。因為水桶是木頭做的，日子久了，難免會有些裂縫，所以每打一次水，總會有些水灑在路邊上。然而，這個主人卻沒有因為水桶有裂縫，就把水桶丟掉，依然每天帶著水桶到水井裡去打水。水桶雖然很感激主人，心裡卻覺得有些歉疚，「每次在水井裡打一桶水，回到家就只剩下了半桶，害得主人還要多跑幾趟……我實在不值得主人這麼重用啊！」

於是，水桶決定要把這樣的想法說出來，請主人換一個新的水桶打水。

第二天，主人像往常一樣，帶著水桶走向水井，這時候，水桶再也忍不住了，大聲地對主人說：「主人啊！你何必還要用我這個又破又舊的水桶，而讓自己多跑這些路呢？你乾脆買一個新的水桶，把我丟掉就好了呀！」水桶真的覺得很難過，喊叫的聲音有點沙啞，聽起來有些自怨自艾，但是主人像是沒聽到，還是把水桶放進水井，打了滿滿一桶水之後，就往回家的路上走。

水桶感覺水從裂縫中一點一點地流走，覺得更難過了，於是更大聲地對主人：「主人，我知道你還用我是因為可憐我！我不需要任何人可憐我，我再也不要打水了！」

聽到水桶有些生氣又有些哀怨的言語之後，主人非但沒有生氣，反而笑了起來，這下子水桶迷糊了。主人一邊笑、一邊對著水桶說：「你說我用你打水是可憐你嗎？哈哈哈，你怎麼會這樣想呢？用你打水對我來說可太有用了！」水桶越聽越迷糊，每打一次水就會漏掉半桶，主人怎麼會覺得太有用了呢？

主人一邊笑、一邊指著路旁盛開的花朵說：「你看看，每天從家裡到水井的這段小路上，開滿了美麗的花朵，每一天我經過這裡，看到這些美麗的花朵，都覺得精神特別好。如果不是從你身上漏出的水澆灌了這些花草，這些花草恐怕早就枯萎凋謝，而我也看不到這麼好的風景了。所以，用你打水對我來說太有用了，我恨不得一天多跑幾趟，多看看這一路美麗的風景呢！」

水桶這才明白，自己在主人眼中竟然是這麼有用，主人一點都沒有可憐自己的意思；水桶這才明白，每個人都有自己的優勢和特點，沒有必要因為一點小事就自怨自艾。於是，水桶找回了信心，開開心心地跟主人攜手合作，一邊打水、一邊澆灌路旁的花草。

充分生動的情緒

有了投射和暗示，我們當然希望這些成長暗示都能深植孩子心中，由於大腦皮層還在發育，孩子對於批判邏輯性的記憶不如成年人，卻有更強的圖像情緒記憶，所以父母需要透過生動的故事場景描述，以及充分的情緒表達，來讓積極的暗示刻劃在孩子的腦海中。

對於本身就缺少圖像訓練的父母，突然要生動地描寫故事場景的確有些困難，在這裡給父母兩個建議：第一就是誇張的形容，比如黑夜就說「好黑好黑的深夜」，城堡就說「好大好大的城堡」或「好堅固好巨大的城堡」等等，當然同時在形容詞上做一些情緒預期的腔調會更好；其次是問答的描寫，就像大樹，可以先問孩子心中想到的是什麼樣的大樹，然後再強調與暗示有關的形容詞，若孩子說「這是一個結滿果實的大樹」，而父母希望增強孩子的自信，就可以說：「是啊！這是一株還在慢慢成長、每天都長得更大、結更多果實的大樹。」

充分的情緒表達能讓孩子形成情緒記憶，當然父母可以用語調語氣來襯托故事的情緒，而更重要的是父母心裡需要同感故事的感情，一旦掌握了發自內心的情緒共鳴，孩子很容易感受到深層的情感交流，能更深刻地將暗示放在心裡，所以在對孩子說故事之前，父母最好能實際演練熟悉故事內容，在對孩子說故事的時候有著更好的情緒引導。

讓孩子感受自己是獨一無二——牽牛花與向日葵（短）

「媽！人家說我長不高，以後一定是個矮冬瓜啦！」「我不要上學了啦！班上同學笑我長得又黑又醜。」「人家都使用筆記型電腦抄筆記，我還在用鉛筆，好丟臉哦！」有些時候，孩子與孩子之間也存在著社會價值觀念的影響而攀比的心態，可能造成孩子的自卑情緒。這是一篇用牽牛花的成長及與向日葵的對話對而編寫的EQ故事，適用於孩子較不自信或有自卑情緒的調整化解，同時也暗示朋友交往及互助合作的重要性。

在一個美麗的花園裡，住著好多花朵，有向日葵和牽牛花，每當太陽公公爬上山頭的時候，所有的花朵都會笑咪咪地抬起頭來歡迎太陽公公，只有牽牛花總是垂頭喪氣的，為什麼呢？因為牽牛花覺得自己不夠好看、覺得很自卑。牽牛花覺得自己長得瘦瘦長長的，不像向日葵長得高高壯壯的，尤其是向日葵那一朵特別大、特別美的花，總是直挺挺地望著天空，而牽牛花只能在地上爬，所以牽牛花特別羡慕向日葵。

因為牽牛花特別羡慕向日葵，下定決心要長得像向日葵一樣高，牽牛花也特別想問，向日葵究竟是用什麼方法才能長得這麼高大，可是向日葵實在是太高了，怎麼辦呢？牽牛花看見籬笆好像跟向日葵一樣高，就鼓起勇氣和籬笆打商量：「籬笆哥哥，我想跟向日葵請教點事情，可是他長得太高了，我能不能請你幫個忙，讓我從你身上爬上去？」籬笆點了點頭，於是小小牽牛花便從籬笆的縫隙中繞呀繞的往上爬去。為了答謝籬笆好心的幫助，小小牽牛花在每一個從籬笆繞過的地方開一朵嫩紫色的牽牛花，當作籬笆的裝飾。

等牽牛花爬到了籬笆的最上頭，才

發現向日葵早就長得比籬笆還要高了，怎麼辦呢？牽牛花看見大樹長得比向日葵還要高，就鼓起勇氣跟大樹打商量：「大樹伯伯，我想跟向日葵請教點事情，可是他長得太高了，我能不能請你幫個忙，讓我從你身上爬上去？」大樹點了點頭，於是小小牽牛花便從大樹的枝幹上繞呀繞的往上爬去。為了答謝大樹好心的幫助，小小牽牛花在每一個從樹幹繞過的地方開一朵嫩紫色的牽牛花，當作大樹的裝飾。

這時候，天空下起了雨，太陽公公被烏雲擋在身後，暫時不見蹤影，牽牛花拚命開出一朵自己認為最美麗的花，在向日葵正好能看到的位置上，牽牛花希望自己的花朵能和向日葵的花兒一樣大、一樣美麗。不管牽牛花怎麼努力，牽牛花還是紫色的，還是跟向日葵鮮豔的金黃色不同。牽牛花失望透了，覺得好難過，一邊哭、一邊說：「我一輩子都只能是牽牛花，我沒有辦法變成向日葵了，我再也沒有機會成為最幸福的花兒了！」這句話被向日葵聽到了，慢慢地低下頭來問牽牛花：「你說，你想要變成向日葵，是嗎？能告訴我你為什麼想要當向日葵呢？」小小牽牛花怯生生地說：「嗯，是的，向日葵先生，我是牽牛花，我一直很羨慕你，能長得這麼高、這麼大，尤其是金黃色的花朵又大又美麗，看你每一天都那麼熱情地看著太陽，我想太陽公公的笑臉一定只為了你而開心的，我覺得向日葵就是最幸福的花朵了，所以，我想變成向日葵。」

聽到小小牽牛花這麼說，向日葵有些不好意思地笑了，「謝謝你的讚美，牽牛花，其實你也是最幸福的牽牛花哦！雖然向日葵長得很高，卻只能開出一朵花兒；雖然向日葵金黃色的花兒顯得十分豔麗，但是卻不能讓所有人都欣賞到，那些常常來花園裡玩耍的小朋友，只能看見我綠色的葉子。不像你，牽牛花，紫色的牽牛花或許沒有向日葵耀眼，卻讓所有的地方都開出了美麗的花朵，你看，你爬過的籬笆、大樹，不都開滿了美麗的牽牛花嗎？」小小牽牛花回頭一看，真的像向日葵說的一樣，一朵又一朵紫色的牽牛花在籬笆和大樹的枝幹上隨風起舞，特別漂亮呢！向日葵接著說：「每天望著太陽的方向，讓別人覺得向日葵很高貴、很驕傲，可是向日葵只能孤單的看著太陽，不像你，牽牛花，你爬過的小草、繞過的籬笆、攀過的大樹都是你的朋友。雖然看著太陽讓向日葵的花朵顯得更耀眼，我們卻錯過了許多美麗的風景，聽路過的飛鳥說，每當雨後的晴空，在太陽對面的天空上總會有彩虹，七彩的顏色是全世界最美麗的風景，而這就是向日葵一輩子都沒有辦法欣賞的美景。」

聽到向日葵這麼說，小小牽牛花這才想起看過好多次雨後的彩虹，那種美麗真的難以形容，原來向日葵一輩子都不能看見美麗的彩虹，那多可惜啊！這時候烏雲逐漸散去，太陽又露出了笑臉，向日葵一邊把頭轉向了太陽、一邊跟小小牽牛花告別：「我得走了，最幸福的牽牛花，我也好羨慕你，想要去哪兒就能在那開花！」是啊，從草地到籬笆，從籬笆到大樹，小小牽牛花現在長得跟向日葵一樣高了。小小牽牛花這才明白，除了牽牛花不是向日葵之外，牽牛花也有這麼多優點，自己當然也是最幸福的牽牛花。

怎麼編故事？我編的故事對孩子真的有幫助嗎？

「從此過著幸福快樂的生活！」這是許多童話故事的完美結局，對於成年的我們來說，可能勾起美好回憶，也可能覺得幼稚好笑，如果幸福快樂的生活這麼容易就得到了，何至於我們還得摸黑趕早的辛勤工作呢？然而這個結果對於成長中的孩子卻是非常重要的，因為這段內容暗示了「經過努力將來可以幸福快樂」，讓孩子相信未來不是夢，能更好地面對成長的挑戰。當然，童話故事裡除了完美的結局，還有出演的主角，這一部分也十分重要。「王子與公主從此過著幸福快樂的生活」，其中的王子或公主，就是孩子自身的投射，如果故事中王子英勇聰明、公主美麗大方，孩子就會將自己的性格想像成如同主角一般，相信自己可以像王子公主一樣的聰明美麗。

當然，情緒在童話故事中也十分重要，而且更可能因為強烈的情緒形成記憶，留下終身的印記，尤其是原始的情緒，例如恐懼害怕，特別能形成這種情緒記憶。難怪我們都記得帶著毒蘋果的壞女巫，因為這角色代表了死亡的危險，恐懼的情緒讓我們一輩子都記得要躲開這樣的威脅。

跟一般的故事不同，EQ故事的目的是透過積極的暗示，讓孩子更健康快樂的成長，所以故事的主題除了情緒之外，更應該包含的是完整的愛，因為編寫講述EQ故事的過程，也是父母自我覺察的體驗，包含了改變與完善的意願，就是這些原因讓每一位父母對孩子說的EQ故事都是獨一無二的。

我們希望每一位父母都能為孩子編寫最適合的EQ故事，畢竟每個人都是獨特的、每個家庭氛圍也都是獨特的，未必能有哪個故事適合所有的父母及孩子，所以在介紹一些已經事先編寫完成的故事方便父母選用的同時，我們也將編寫EQ故事的基本原則介紹給父母，因為一篇用心編寫的故事就包含了父母對孩子無限的關愛，自然會對孩子成長起到更為積極的作用，所以希望透過技巧的解釋，讓每一位父母都能掌握編寫EQ故事的原則，為孩子撰寫屬於自己的故事。

我們應該怎麼編寫自己的EQ故事呢？相對於情節的引人入勝，讓孩子的生命充滿愛與關懷更加重要，所以在編寫EQ故事的時候，我們更應該關注的是那些曾經或即將在生活中發生的重要事件，透過故事內容讓孩子理解愛是生命中最重要的元素。既然這樣，關心重要事件，尤其是強烈的情緒事件，當然是編寫EQ故事時最重要的題目，而這樣的題目在孩子的生活中並不少見，往往父母只需要回顧今天發生的事情，就會發現一些需要和孩子一起面對的情緒事件。記得那位被父母嚴厲教訓的孩子嗎？我相信打在孩子身上的傷痕一定也留在父母的心中，而這就是EQ故事最鮮活的題材，只要父母願意和孩子一起面對，就能讓親子一塊用愛來消弭傷痕。所以EQ故事是從父母的自我覺察開始，而最好的題目就是孩子生活中的重要事件。

在這裡我們提供編寫EQ故事的小技巧，就是「啟承轉合」四個字代表了編寫EQ故事的四個步驟，它們分別是：

啟─情緒事件

因為EQ故事的目的是在睡覺之前調整孩子的情緒認知，所以用孩子今天所面對的強烈情緒事件作為故事的起頭，自然是最直接有效的選題。

好的EQ故事是從父母的自我覺察開始做起，孩子與父母親的互動最為密切，所以絕大部分影響孩子的情緒事件都來自於親子互動，因此最好的EQ故事題材就是那些發生在親子之間的情緒事件，只要父母稍微回想這一天跟孩子的溝通內容，就不難發現一些可以做得更好的部分，比如說打罵孩子，或者對孩子的情緒需求反應冷淡等。

如果你發現自己今天有些可以做得更好的部分，首先要恭喜你，這不但代表你具備了自我覺察的能力，已經往高EQ的父母邁出重要的一步；同時這些線索也都是EQ故事絕佳的起頭，讓你有機會在睡覺之前修正孩子的EQ認知。所以，記得編寫EQ故事的第一步，就是我們覺察自己和孩子一整天的情緒互動，從還可以做得更好的部分作為起頭，把握睡覺前的好時機，設計屬於自己的EQ故事。

承—提問傾聽

孩子經常遇到的情緒事件，包括挫折、憤怒和衝突，這些情緒通常來自身邊的親人或學校的老師同學，有些時候父母不一定清楚孩子遇上了什麼樣的情緒事件，最好的方式就是讓孩子說說今天發生了什麼事，然後承接孩子的情緒，有針對性地設計EQ故事。

EQ故事的主要目的，就是讓孩子在充滿愛與關懷的環境中更好地成長，將積極的情緒透過故事的內容讓孩子形成信念，所以關於愛的暗示是貫穿EQ故事的重要線索。如果僅僅是暗示的話，任何意圖都能被設計進故事之中，並不是特別高深的技術，但是在EQ故事中，積極情緒是最重要的元素，這就要求父母在編寫故事的時候，必須從孩子成長的立場來考慮，是應該讓孩子每天因為不斷的學習，而感受到過多的壓力，還是明白要求學習的背後，是父母對孩子的愛而欣然接受。舉例來說：「聽到小白兔的抱怨，媽媽用充滿鼓勵的語氣說：『因為媽媽愛小白兔，因為學習就是愛啊！』」（註：引自本書「小白兔的胡蘿蔔」）兔媽媽在小白兔想要胡蘿蔔的時候，不直接給小白兔，反而教小白兔自己學會從草地裡挖，這裡的學習要求包含在父母對子女的愛中，讓親子關係更融洽、更完善。所以父母在編寫EQ故事時，必須從孩子的角度了解內心的感受、從培養孩子EQ能力的角度來考慮，否則很可能因為父母過強的操控性，而讓孩子無法接受故事設計的內容。

轉—轉化投射

在EQ故事裡設計適當的角色，讓孩子能從故事中人物的情緒發展，轉化投射在自己的身上，讓孩子學習並調整情緒認知。

孩子容易進入意識變動狀態，意味著孩子比較容易角色扮演，不論在故事或生活中，孩子透過角色扮演來學習成人世界的規則與價值。記得我們小時候都玩過「扮家家酒」的遊戲吧？我們扮演父母的角色演練生活的互動，在遊戲的狀態下，孩子很認真地認為自己就是爸爸或媽媽，強化那些從成人世界學來的價值，進而形成信念。孩子很容易在遊戲的過程中，扮演自己認為適合的角色，大部分的時候也會想像自己就是故事裡的主角，透過想像體驗故事情節中的喜怒哀樂，在我們為孩子編寫的EQ故事中，也安排設計了讓孩子很容易投射的角色，只要父母用適合的情緒扮演，我們相信孩子都能在父母的引導下進入狀態。

除了孩子的角色扮演，EQ故事也可以考慮設計父母的角色，當然也是讓孩子在聽故事的時候想像的，比如說：「**因為爸爸媽媽和爺爺奶奶都十分喜愛小白兔，所以有些時候，小白兔會在爺爺奶奶家裡住一段時間，然後再回到爸爸媽媽家。**」（註：引自本書「小白兔的胡蘿蔔」）這裡小白兔就是孩子，而爸爸媽媽、爺爺奶奶也就是現實生活中家人的投射，如果父母在說故事的時候希望能讓故事內容與孩子的生活結合得更緊密一些，可以在故事家人對話的情節中，用真實家人的口頭襌及語氣來表現，能更好的引導孩子投射自己的情緒。

所以，在父母編寫自己的EQ故事時，需要在角色投射上注意的，除了設計孩子所扮演的角色之外，也要適當考慮現實生活中這些角色的情緒狀態，讓孩子更容易完成情緒的投射。通常我們使用常見的動植物或物品來設計故事的角色，一方面讓孩子容易形成視覺的想像，一方面避免產生情緒衝突，所以父母在編寫自己的EQ故事時，首先要確定這些讓孩子投射情緒的角色，需要使用對孩子沒有情緒衝突的動植物或物品，如果孩子害怕某種動物，而我們又將這個動物設計成故事的主角，孩子恐怕因為恐懼而無法進入故事的情節之中。

合──情感整合

EQ故事的最終目的，就是讓孩子因為情緒事件產生的衝突矛盾得以整合，所以故事除了要展開情緒線索之外，還需要完成情感的整合。

不論父母如何設計EQ故事，我們建議在結尾的部分放入情感整合的暗示，舉例來說：「奶奶讓小白兔懂得分享，分享就是愛，奶奶是愛小白兔的；媽媽讓小白兔懂得學習，學習就是愛，媽媽是愛小白兔的。分享和學習都是愛，媽媽和奶奶也都是愛，因為我們是一家人，所以我也愛你們。」（註：引自本書「小白兔的胡蘿蔔」）或許小白兔原本覺得媽媽和奶奶的愛是不同的，或許這也是我們的教養方式不同所造成的，然而讓孩子知道不同的教養方式背後都是愛、都是一家人的愛，就能讓孩子接受形式不同而內涵相同的愛，用愛來理解包容所有家人。

當然，感情的整合不僅僅是技術，更是一種真心的覺察，如果我們覺得孩子的情感比較淡漠，或者不可控制的強烈情緒起伏，在父母想方設法要改變孩子之前，應該先靜下心來想想，究竟是孩子的性格需要改變，還是我們管不住自己的情緒，把愛關在心底，卻放縱自己被情緒綁架？所以感情的整合不僅是給孩子的暗示，同時也是給父母的啟示，孩子就是一張白紙，我們是孩子成長的所有，至於成為他們的助力或是阻力，就看我們自己的決定了。

【後記】

15分鐘改變了誰？

還記得牛頓第三運動定律嗎？兩個物體間的作用力與反作用力總是大小相等、方向相反，作用在一條直線上。當我們因為孩子更健康快樂的成長，而開始意識言行舉止及編寫EQ故事時，我好奇的是，究竟是誰在改變？

當我們偏執地用自己的某一個人格自居而不自知的時候，我們能看到的世界十分狹隘且扭曲，在這樣的狀況下教養孩子自然容易出現偏差，當我們開始意識自己被情緒綁架而做出許多不夠理性的行為，這時我們就不再偏執地自居了，而是透過另一雙眼睛在看自己，這一雙神奇的眼睛就是孩子的雙眸。

這本書的內容讓我們知道孩子多麼容易接受父母的暗示，並將其深植於心，同時介紹了EQ故事讓父母有機會在入睡之前給孩子積極的成長暗示。然而EQ故事如果產生預期的效果，父母親首先要感謝的，絕不是這本書的作者，或者任何一種催眠技術，而是要感謝你的孩子。在閱讀這本書之前，每一位父母都保持著「怎麼做才對孩子好」的信念來教養孩子，在閱讀本書並且開始懂得運用EQ故事賦予孩子積極地成長暗示之後，相當一部分的父母開始將教養孩子的信念改變成「怎麼做能讓孩子覺得好」，那這本書就算達成任務了。

不論父母運用什麼技巧，對孩子的暗示是隨時進行的，如果父母不能透過孩子的眼睛觀察自己，也就不能發現自己的哪些行為對孩子的成長造成了影響，也不可能在睡前關鍵的15分鐘透過EQ故事做出調整。而更重要的，每個孩子都是獨立的個體，雖然父母的權威讓暗示變得更有能量，卻沒有一位父母能幫孩子決定，要將哪個暗示變成永恆記憶、成為人格特質，所以，除非透過孩子的眼睛看自己，父母不能真的改變孩子的生命故事。

當父母懂得透過孩子的眼睛看自己，就能看見自己對孩子所做出的種種暗示，或許一開始我們非得在睡覺前給孩子說15分鐘設計精巧的EQ故事不可，漸漸地父母會發現自己的改變，和孩子的成長同步出現。一旦孩子開始更快樂健康地成長，我們也同時成為更慈愛包容的父母，就像牛頓第三運動定律一樣，改變的力量會同時作用在父母和孩子身上。

至於這個力量究竟來自於催眠暗示，還是EQ故事，我不清楚，但我知道的是，孩子是我們的一部分，而我們也是孩子的一部分，當我們透過孩子的眼睛看見自己的時候，孩子也開始透過父母的眼睛觀察自己，這種互為一體的感受一旦出現，我們看到的將不僅僅是我們和孩子，而是看見一種讓我們和孩子成為一體的愛。

所以，15分鐘究竟改變了誰？我想你會有自己的答案。如果你發現了和孩子之間的那種一體的愛，我建議，記得對你剛睡著的孩子說一聲：謝謝你，我愛你！

參考文獻

- 《催眠治療師培訓教材》淩坤楨著　內部研修手冊　未出版　二〇〇七
- 《話說對了孩子就會了》杉山美奈子著　蕭雲菁譯　三采文化　二〇〇八
- 《我們為什麼要浪費時間睡覺》蘿柯著　吳妍儀譯　貓頭鷹出版　二〇〇七
- 《學會讓你變優秀的催眠術》　林貞年著　馬可出版企劃所　二〇〇七
- 《心靈維他命2》卜聖哲著　三采文化　二〇〇五
- 《地震故事集》王理書著　教育部　二〇〇〇
- 《地球光》 Maureen Garth著　新苗文化　一九九八
- Kacper M. Postawski, Power Sleep
  Secrets of the Inner Sleep Clock, PowerfulSleep.com
- 《香港家庭親子互動情況調查報告》香港中華基督教青年會　二〇〇五
- 《幼兒人格發展中的潛意識教育》許霞．黃武萍　黑龍江教育學院學報
  二〇〇七年八月　第26卷第8期　46頁～48頁
- 《家長心理暗示對幼兒智慧發展的影響》胡薇薇　教育導刊
  二〇〇七年四月號下半月　27頁～29頁
- 《淺談幼兒早期教育》張麗鳳　遼寧師專學報社會科學版
  二〇〇七年第二期55、56頁
- 《中國家庭中的親子互動行動與兒童行為抑制型的發展》
  侯靜．陳會昌．陳欣銀　心理科學　二〇〇五年第四期　820頁～825頁
- 《親子互動研究及其進展》侯靜．陳會昌．王爭豔．李苗　心理科學進展
  二〇〇二年　第10卷第2期　185頁～191頁
- 《腦科學的基本發現與幼稚園課程》虞永平　幼稚教育教育科學版
  二〇〇六年第九期　6頁～10頁

教養生活㉑

睡前15分鐘改變孩子的一生——父母都應該學的EQ故事

作　者—李驥．凌坤楨
編　輯—林俶萍
美術編輯—周家瑤
執行企劃—王嘉琳
校　對—李驥．林俶萍
總編輯—余宜芳
董事長—趙政岷
出版者—時報文化出版企業股份有限公司
108019台北市和平西路三段二四〇號三樓
發行專線—（〇二）二三〇六—六八四二
讀者服務專線—〇八〇〇—二三一—七〇五．（〇二）二三〇四—七一〇三
讀者服務傳真—（〇二）二三〇四—六八五八
郵撥—一九三四四七二四時報文化出版公司
信箱—一〇八九九臺北華江橋郵局第九九信箱
時報悅讀網—http://www.readingtimes.com.tw
電子郵件信箱—ctliving@readingtimes.com.tw
法律顧問—理律法律事務所　陳長文律師、李念祖律師
印　刷—紘億印刷有限公司
初版一刷—二〇〇九年六月十五日
初版五刷—二〇二二年十月二十六日
定　價—二四〇元

時報文化出版公司成立於一九七五年，並於一九九九年股票上櫃公開發行，於二〇〇八年脫離中時集團非屬旺中，以「尊重智慧與創意的文化事業」為信念。

睡前15分鐘改變孩子的一生：父母都應該學的EQ故事 / 李驥, 凌坤楨著. -- 初版. -- 臺北市：時報文化, 2009.06
面； 公分. --（教養生活；21）
參考書目:面
ISBN 978-957-13-5054-7(平裝)

1. 親職教育 2. 子女教育 3. 親子關係 4.說故事

528.2　　98009690

Printed in Taiwan
ISBN 978-957-13-5054-7